www.ingramcontent.com/pod-product-compliance
Lightning Source LLC
LaVergne TN
LVHW010400070526
838199LV00065B/5870
9789358722796

دانشورانِ ہند:

حیات اور خدمات

(حصہ دوم)

مرتبہ:

ادارہ سیلِ رواں

© Idara Sail-e-Rawan

Daanishvaraan-e-Hind : Hayaat aur Khidmaat *(Part-2)*
by: Idara Sail-e-Rawan
Edition: November '2024
Publisher :
Taemeer Publications LLC (Michigan, USA / Hyderabad, India)

ISBN 978-93-5872-279-6

مرتب یا ناشر کی پیشگی اجازت کے بغیر اس کتاب کا کوئی بھی حصہ کسی بھی شکل میں بشمول ویب سائٹ پر اَپ لوڈنگ کے لیے استعمال نہ کیا جائے۔ نیز اس کتاب پر کسی بھی قسم کے تنازع کو نمٹانے کا اختیار صرف حیدرآباد (تلنگانہ) کی عدلیہ کو ہو گا۔

© ادارہ سیلِ رواں

کتاب	:	**دانشورانِ ہند : حیات اور خدمات** (حصہ دوم)
مرتب	:	**ادارہ سیلِ رواں**
ماخوذ	:	سیلِ رواں ویب سائٹ [sailerawan.com]
پروف ریڈنگ / تدوین	:	مکرم نیاز
صنف	:	غیر افسانوی نثر
ناشر	:	تعمیر پبلی کیشنز (حیدرآباد، انڈیا)
سالِ اشاعت	:	سنہ ۲۰۲۴ء
صفحات	:	۱۰۶
سرورق ڈیزائن	:	تعمیر ویب ڈیزائن

فہرست

(۱) مولانا ابوالکلام آزاد: عبقری شخصیت	محمد علقمہ صفدر	6
(۲) شیخ الاسلام علامہ شبیر احمد عثمانیؒ: حیات و خدمات	محمد علقمہ صفدر	10
(۳) شارح بخاری شیخ الحدیث علامہ عثمان غنیؒ۔۔۔	مفتی محمد خالد	18
(۴) پیر ذوالفقار احمد نقشبندی مجددی: زندگی کا سفر	محمد علقمہ صفدر	28
(۵) حضرت مولانا محمد رابع حسنی ندویؒ: تذکرہ۔۔۔	عبدالرحیم ندوی	39
(۶) حضرت مولانا عبدالرشید صاحب قاسمی۔۔۔	محمد منہاج عالم ندوی	49
(۷) ڈاکٹر عبدالعزیز سلفی	ثناء الہدیٰ قاسمی	56
(۸) حضرت مولانا ابرار الحق صاحب حقیؒ	ثناء الہدیٰ قاسمی	61
(۹) عبدالمغنی صدیقی ایڈووکیٹ مرحوم	ثناء الہدیٰ قاسمی	66
(۱۰) مفتی محمد ثناء الہدیٰ قاسمی: زندگی کا سفر	غالب شمس قاسمی	70
(۱۱) ڈاکٹر کلیم عاجز	معصوم مرادآبادی	85
(۱۲) قیس رامپوری کی یاد میں	معصوم مرادآبادی	95
(۱۳) آپ آسان سمجھتے ہیں منور ہونا	ثناء الہدیٰ قاسمی	101

مولانا ابوالکلام آزاد: عبقری شخصیت

محمد علقمہ صفدر ہزاری باغوی

قد طویل، نہ قلیل، متوسّط قامت، اکہرا بدن، گورا رنگ، کتابی چہرہ، سفید چھوٹی ڈاڑھی، شاہیں نظر، بڑی بڑی متحرّک اور روشن آنکھیں، آخر عمر میں رنگین شیشے کا غلاف، آواز بلند و پُر جلال، مزاج میں تمکنت و وقار، خلقتاً خلوت پسند و گوشہ نشیں، طبیعت باغ و بہار، عجم کے حسنِ طبیعت، عرب کے سوزِ دروں کا پیکر، زہد و استغنا اور صبر جمیل کا مجسّمہ، خوش رو و خوش پوشاک، مشرقی شرفا کا لباس زیبِ تن کیے ہوے، سر پے اونچی کالی ٹوپی، نزاکتِ طبع اور نفاست ذوق کا یہ عالم کہ لوگ گلاب کا پنکھڑیاں کہیں، اور یوں بھی کہا گیا کہ اگر آپ کے تلوے نیچے انسانی بال آجاے تو پاؤں میں موچ آجائے۔

غیرت و خودداری اور مستقل مزاجی و وضع داری کا یہ عالم کہ دس سالہ وزارت کے بعد بھی لباس و پوشاک پیوند زدہ پاے گیے، زبان و بیان کے دھنی و ماہر، بلکہ خود مختار بادشاہ اور عصری فرمارواں تھے، پورے متحدہ ہندوستان میں ان سے بڑا کوئی گفتگو طراز اور زباں شناس نہیں، گویا زبان ان کی لونڈی، بیان ان کا پیش کار، صبحِ زندگی سے لے کر شامِ حیات تک سیکڑوں نہیں ہزاروں کی تعداد میں تقریریں کر ڈالی، ہر تقریر سراپا انتخاب بلکہ اپنی جگہ لاجواب، جب گفتگو پے آتے تو دل و دماغ اور زبان معراج پر ہوتے، مخاطب و سامع صرف مست ہی نہیں ہوتے، بلکہ بے اختیار ہو کر سر دھننے لگتے، وجدان و

سماعت جھومنے لگتی، قلم کے ایسے دھنی کہ بقول رشید احمد صدیقی الفاظ کو ربوبیت و نبوت کا جامہ پہنا دیتے، اور اور دل و دماغ سوچنے کے بجائے پوجنے کی طرف چلا جاتا۔

ایک ہمہ گیر و ہمہ جہت شخصیت و کردار کے حامل تھے، علما کی جماعت میں امام الہند حلقۂ ادیبان میں یگانۂ روزگار، مشاعروں میں سحر طراز سخنور، مدبروں میں سرخیل، سیاست دانوں کے مابین منفرد و ممتاز، اس طور پر کہ سیاست کے کوچے میں جوں ہی قدم رنجائی کی دیکھتے ہی دیکھتے صفِ اوّل کے قائدین میں شمار ہونے لگے، حتی کہ سردار پٹیل جیسوں سے اپنا سیاسی مہارت و بصیرت کا لوہا منوالیا، گاندھی اور نہرو تو جیسے ان کا کلمہ ہی پڑھنے لگے، کلمہ ان کے فصاحت و جزالت اور پُرجوش خطابت کا نہیں، بلکہ ان کے فہم و فراست کا، دانش و بینش کا، دور بینی و دقیقہ رسی کا، تفکّر و تدبر کا، علمی مرتبت اس قدر بلند کہ تمام معاصرین ان کی شان میں رطب اللسان نظر آے، کیوں کہ آپ یک جہت نہیں بلکہ ہمہ جہت تھے، تفسیر میں یکتا، ترجمے میں منفرد، حدیث و فقہ میں بے مثال و عجوبہ روزگار، ادب میں بحر ناپیدا کنار، شاعری کا معدن اور نثر میں رستم و اسفندیار، علم و عرفان کا آبشار، صحافت کا شہسوار، جن کا ہر نقش شاہکار، سیاست میں ذی وقار، غرض کہ مولانا آزاد کمالات فاضلہ وصفات کاملہ سے متصف تھے، اور آپ کی شخصیت جامعیت کا شاہکار تھی۔

مولانا ابوالکلام آزاد اور آپ کا جاری کردہ ہفت روزہ الہلال دونوں بہ مثلِ گل و بلبل لازم و ملزوم تھے، الہلال اگر شمع تھی تو مولانا آزاد اس کے پروانہ، الہلال ناقہ تھا تو آزاد اس کے حدی خواں تھے، الہلال کارواں تھا تو مولانا آزاد میر کارواں تھے، الہلال کی زبان ایک تحریک کی زبان تھی، الہلال عہدِ ماضی کو یاد دلانے اور غفلت سے بیدار کرنے کے لئے نفخِ اسرافیل تھا، مولانا آزاد کی شخصیت الہلال ہی سے طلوع ہوتی ہے، ترجمان القرآن کے توسط نصف النہار کے تابندہ آفتاب کی طرح ضوفشاں ہو جاتی ہے، اور

پورے اطرافِ عالم میں اپنے جلوے بکھیر دیتی ہے۔

الہلال مذہب، سیاست، معاشیات، نفسیات، جغرافیہ، تاریخ، سوانح، ادب و انشا کا حسین مرقع تھا، مولانا آزاد کا طرزِ تحریر، اسلوبِ نگارش، پیرایۂ اظہار سحر سامری سے کوئی کم نا تھا، آپ کا قلم اردو زبان و ادب کا معجزہ تھا، جن کی تقلید تقریباً ناممکنات میں سے تھی، آپ جہاں اپنے اسلوب کے موجد، طرزِ ادا کے بانی تھے، تو وہیں اس کے خاتم بھی تھے، آپ نے اردو اسلوب کو متانت و ثقاہت اور لطافت و نزاکت بخشی، شوکت و عظمت اور بسالت و جلال سے چار چاند لگا دیے۔

آپ کی شوخیِ تحریر اور حسنِ نگارش کے متعلق علامہ شبلی فرماتے ہیں کہ میں ایجاز کا بادشاہ ہوں ابو الکلام اطناب کا بادشاہ ہے، عطاء اللہ شاہ بخاری فرماتے ہیں کہ الہلال نے مجھے خطابت سکھائی، سیاست پڑھائی، اور زبان کی ندرت بخشی، مجاہدِ ملت مولانا حفظ الرحمن سیوہاروی فرماتے ہیں کہ مجھے سیاست کا چسکا الہلال نے ڈالا، اور ابو الکلام آزاد نے میدانِ رست خیز میں لا کھڑا کیا، ڈیسائی لکھتے ہیں کہ مولانا کمالات و محاسن کا ایسا نمونہ ہیں کہ ان کی ذات ہندستان کا علم، یونان کے فلسفے، حجاز کے حافظے، ایران کے حسن، اور جدید یورپ کے دانشِ علم سے پُر نظر آتی ہے۔

مولانا سعید احمد دہلوی ترجمان القرآن کے بارے میں فرماتے ہیں کہ مولانا آزاد نے قرآن کریم کی عربی مبین کو اردوے مبین کے حسین قالب میں ڈھال دیا، گاندھی جی نے کہا کہ مولانا علم کے بادشاہ ہیں، میں انہیں افلاطون، ارسطو، فیثاغورث کی طرح ایسا ہی انسان سمجھتا ہوں وہ تاریخ کے بہت بڑے عالم ہیں، کوئی بھی ان کا ہم پایہ نہیں، آپ جس موضوع پہ گفتگو کرتے گویا معلوم ہوتا کہ یہ انہیں کا مخترع و خانہ زاد ہے۔

درحقیقت ابو الکلام بیسویں صدی عیسوی میں قدرت کی سب سے بڑی عطیہ اور

معجزۂ الٰہی تھا، ایسی عبقری شخصیت زمانوں میں نہیں بلکہ صدیوں میں جب نرگس ہزاروں سال اپنی بے نوری پے نوحہ خوانی اور گریہ وزاری کرتی ہے تب جا کے پیدا ہوتی ہے۔

***

شیخ الاسلام علامہ شبیر احمد عثمانیؒ: حیات و خدمات

محمد علقمہ صفدر ہزاری باغوی

بعض ہستیاں اتنی قد آور اور اپنی صلاحیتوں و لیاقتوں کے اعتبار سے اس قدر کثیر الجہات و متنوع الصفات ہوتی ہیں کہ اہلِ زمانہ اپنی تمام تر کوششوں کے بعد بھی ان کے علمی مقام و مرتبے کا صحیح اندازہ قائم نہیں کر سکتے، ایسی شخصیتیں جہاں اپنی وسعت و جامعیت میں طاق ہوتے ہیں وہیں زمانے میں بھی نادر ہوتے ہیں، شیخ الاسلام حضرت مولانا شبیر احمد عثمانی قدس اللہ سرہ انہیں بلند قامت شخصیتوں میں سے تھے جو اپنے زمانے کے عبقری والمعی کہے جانے کے لائق تھے، کہ جن کی نظیریں ہر دور میں گنی چنی ہوتی ہے، ویسے تو انیسویں صدی کے نصف آخر سے لے کر بیسویں صدی کے وسط تک ہندستان کے سیاسی، علمی، ادبی، فکری منظر نامہ پر ایسے کئی مقتدر شخصیات نے اپنے خاص فکر و نظر، جہد مسلسل اور اخلاق و کردار سے ایک دنیا کو متاثر کیا ہے، مگر ان شخصیتوں میں بھی شیخ الاسلام حضرت مولانا شبیر احمد عثمانیؒ کا نام اپنی جامعیت و انفرادیت کی بنا پر جدا ہیں، اللہ تبارک و تعالیٰ نے آپ کو وسیع و عمیق علم، تحقیقی مزاج، شگفتہ و سیال قلم، دلنشیں انداز خطابت، معتدل فکر اور تدبر آشنا ذہن جیسے دولت و نعمت سے نوازا تھا، جہاں ایک طرف آپ محبوب و مقبول مدرس تھے، وہیں دوسری طرف انشا پردازی، قلمی گلکاری اور خامہ طرازی میں بھی باکمال تھے، جہاں آپ نے تفسیر قرآن لکھ کر اپنے تفسیری ذوق کا ثبوت

دیا وہیں صحیح مسلم شریف جیسی بلند و بالا کتاب کی شرح لکھ کر اپنی حدیث دانی کا لوہا منوایا، جہاں "الشہاب" کو لکھ کر دفاع اسلام کا فریضہ انجام دیا وہیں "العقل والنقل" جیسی کتاب کے ذریعے اسلام اور عقل کے مابین تعارضِ موہومہ کو رفع کیا، جہاں دار العلوم دیوبند جیسے عظیم ادارے کی مسندِ تدریس میں بیٹھ کر علمی گتھیاں اور فنی مغلقات حل کیے وہیں سیاسی سماجی جلسوں میں بھی مقالوں اور تقریروں کے ذریعے ملکی و ملی خدمات انجام دیے۔

خاندان پیدائش و نام:

سرزمینِ دیوبند اور اطراف میں سادات، صدیقی و عثمانی نسب کے کئی خانوادے آباد ہیں، علامہ عثمانی کا بھی سلسلۂ نسب خلیفۂ سوم سیدنا عثمان غنی رضی اللہ عنہ سے ملتا ہے، آٹھویں صدی ہجری میں عثمانی نسب کا ایک بزرگ شیخ ابو الوفاؒ دیوبند میں سکونت پذیر ہوئے، ان کا مزار محلۂ محل میں واقع ہے

حضرت علامہ عثمانیؒ کی ولادت ۱۰ محرم الحرام ۱۳۰۵ھ مطابق ۱۸۸۹ء کو بجنور میں ہوئی، جہاں آپ کے والد مولانا فضل الرحمان عثمانیؒ ان دنوں ڈپٹی انسپکٹر تعلیمات کے عہدے پر فائز تھے، آپ کے والد مولانا فضل الرحمان بھی علمی شخصیت تھے اور باقاعدہ "خاقانیِ ہند" جیسے لقب سے ملقب کیے گیے تھے، آپ کا نامِ گرامی "شبیر احمد" جیسا کہ مشہور ہے، پیدائشی نام نہیں ہے، اور اصل نام فضل اللہ ہے، اور آپ نے کئی جگہ اس کی صراحت بھی کی ہے، مگر شبیر احمد کے نام سے شہرت کی وجہ غالباً یہ ہے کہ آپ عشرۂ محرم میں پیدا ہوئے تھے، لہذا حضرت حسین رضی اللہ عنہ کے یومِ شہادت کی مناسبت سے شبیر احمد کے لقب سے مشہور ہو گیے۔

تعلیم و اساتذۂ کرام:

جب آپ چھے سال کی عمر میں پہنچے، تو آپ کے سب سے پہلے استاذ حافظ محمد عظیم

دیوبندیؒ صاحب نے دستور کے مطابق قاعدۂ بغدادی میں بسم اللہ کرائی، پھر ۱۳۱۲ھ میں دارالعلوم دیوبند میں باضابطہ داخلہ لے کر حافظ نامدار خانؒ کے پاس قرآن کریم کی تعلیم حاصل کی، بعدِ ازاں فارسی منشی منظور احمدؒ اور مولانا یاسین صاحبؒ (والد مفتی شفیع عثمانیؒ) کے پاس پڑھی، پھر ۱۳۱۸ھ سے عربی تعلیم کا آغاز کیا، حتیٰ کہ ۱۳۲۵ھ میں دورۂ حدیث شریف سے اول پوزیشن کے ساتھ ہر فراغت حاصل کی، ایام طالب علمی سے ہی آپ تمام فنون خصوصاً منطق و فلسفہ میں ممتاز مقام رکھتے تھے حتیٰ کہ اپنے ہم سبقوں اور نیچے درجے کے بچوں کو بلا تکلف خارج اوقات میں درس بھی دیتے تھے، جس میں اچھے اچھے طلبہ بھی شریک ہوتے تھے، آپ کی اس قابلیت و مہارت سے آپ کے اساتذہ بھی خوب واقف تھے، آپ کے اساتذہ میں حضرت شیخ الہندؒ، مولانا غلام رسولؒ، مولانا حکیم محمد حسنؒ، مولانا سید مرتضیٰ حسنؒ، مفتی عزیز الرحمٰنؒ اور حافظ محمد احمد صاحبؒ (مہتمم دارالعلوم دیوبند) وغیرہ خصوصاً قابلِ ذکر ہیں۔

تدریسی خدمات:

آپ ۱۳۲۵ھ میں دارالعلوم سے فارغ ہوئے، چوں کہ ایام طالب علمی میں ہی آپ کی قابلیت شہرت پا چکی تھی اور اساتذہ کے نگاہوں میں بھی آپ ایک ہونہار طالب علم کی حیثیت رکھتے تھے، لہٰذا ۱۳۲۶ھ کے شوال سے آپ کو دار العلوم دیوبند میں ہی منصبِ تدریس پر فائز کیا گیا، اور شروع ہی سے درسیات کی اعلیٰ کتابیں آپ کے ذمے سپرد کر دی گئی، ابھی چندماہ ہی درس دیے تھے کہ مدرسہ فتحپوری دہلی کی صدارت کے لیے آپ منتخب ہو کر چلے گیے، یہ مدرسہ بھی اپنی نوعیت کا اہم ادارہ تھا، آپ یہاں پر ۱۳۲۷ / 1911تک رہے، پھر دوبارہ دارالعلوم دیوبند کی طلبی پر دیوبند چلے آے، یہاں آنے کے بعد آپ نے جھوٹی بڑی تقریباً ہر کتابوں کا درس دیا، اور باکمال درس دیا، حتیٰ کہ شیخ الہند کی موجودگی

میں ہی آپ دورۂ حدیث شریف میں کبھی مسلم شریف اور کبھی ابو داؤد شریف کا درس دینے لگے، چوں کہ علامہ عثمانی منقول و معقول، تحریر و تقریر اور تصنیف و تالیف ہر ایک میں ید طولی رکھتے تھے، لہذا طلبہ کے مابین بھی شروع سے ہی ہر دل عزیز رہے، معلومات، علمی تحقیقات، نوادرات اور بصیرت میں علماء و فضلا پر تفوق و بالا دستی حاصل کر چکے تھے، اور ستم بالائے ستم یہ کہ ایام نو عمری و زمانۂ نو خیزی میں ہی اعتماد و وثوق کے اس مقام پر پہنچ گیے تھے جہاں لوگ بالعموم عمریں کھپانے کے بعد پہنچتے ہیں۔

تدریس کے سلسلے میں آپ علامہ انور شاہ کشمیریؒ کے ساتھ ڈھابیل بھی تشریف لے گئے تھے، جہاں آپ نے کئی سال درجۂ علیا کی کتابیں پڑھائی، علامہ انور شاہ کشمیری کے بعد آپ یہاں پر شیخ الحدیث کے منصب پر بھی فائز رہے، پھر دوبارہ دیوبند میں دوبارہ دارالعلوم کی صدارت اہتمام کے لیے تشریف لائے، اور تقریباً آٹھ سال دار العلوم دیوبند کے صدر مہتمم بھی رہے، پھر دوبارہ ڈھابیل تشریف لے گیے تھے۔

علامہ عثمانی بحیثیت خطیب:

"ہونہار پروے کے چکنے چکنے پات "یعنی مستقبل کے بلند و عظیم شخصیتیں بچپنے سے ہی سعادت مند پیشانیاں لیے رہتے ہیں، جو اہلِ بصیرت کو خوب نظر آتا ہے، علامہ عثمانی بھی انہیں ہونہاروں میں سے ایک تھے، ۲۷ رمضان ۱۳۲۷ھ میں جب جمعیت الانصار کی تحریک اٹھی، تو آپ اس تحریک کے سر گرم رکن منتخب ہوئے، جمعیۃ الانصار کے فرائض و منصوبے میں جہاں دیگر دینی شعبہ جات تھے، وہیں ایک شعبہ "جلسۂ علمیہ" کے نام سے بھی جمعیت کے تحت وجود پذیر ہوئی، چوں کہ آپ اس تحریک کے عظیم رکن بھی تھے، سو آپ نے مرادآباد کے جلسے میں "اسلام" کے عنوان سے ایک معرکۃ الآراء مضمون پیش کیا، پھر آگے کی کیفیت ناظم جمعیت کی روداد میں سنیے " آٹھ بجے مولانا مولوی شبیر

احمد صاحب عثمانی دیوبندی کھڑے ہوے، اور اسلام کے عنوان پر اپنی تقریر شروع کی، یہ وہ زبردست تقریر ہے کہ جس کی کوئی بات دلائل عقلیہ سے خالی نہیں، فلسفۂ و حکمت اور علم کلام کے ذریعے سے جو آج کل تعلیم یافتہ گروہ کا تختۂ مشق ہے، ان تمام اعتراضات کو اٹھایا گیا" (حیات عثمانی ص ۱۰۶) اس مجلس کے بعد علامہ کی عظمت کے پرچم مزید بلند ہو گیے، اور آپ کے علمی منزلت کے تذکرے ہونے لگے، اسی درمیان آپ آریاؤں سے مناظرہ کرنے کراچی بھی تشریف لے گیے، بحمد اللہ مناظرے میں ظفرمندی سے ہم کنار ہوے، بعدِ ازاں کراچی میں آپ نے جمعیۃ الانصار کا ایک شعبہ " قاسم المعارف " کے نام سے آغاز و افتتاح کیا۔

الغرض علامہ عثمانیؒ نے جمعیۃ العلماء اور جمعیۃ الانصار کے سیاسی مجلسوں میں خوب تقریریں کیں، پھر جب مسلم لیگ کا قیام عمل میں آیا، تو آپ نے پاکستان کی حمایت میں ہندستان کے ہر بڑے بڑے شہروں میں جاکر تقریریں کیں، آپ کے تقریر کردہ مقامات میں مکہ مکرمہ، مدینہ منورہ، کراچی، حیدرآباد، ملتان، سہارنپور، بجنور، میرٹھ، دہلی، مرادآباد، بریلی، رڑکی، گجرات، سنبھل، سرگودھا، ڈھاکہ، پشاور، کلکتہ اور سورت جیسے ہر اہم مقام شامل ہیں، اور جہاں بھی تقریر کی اس کے مثبت نتائج سامنے آئے، کیوں کہ آپ کے تقریر کے وقت سامعین سراپا گوش بن جاتے، اور بات کو سماعت کے ذریعے دلوں میں اتارتے جاتے۔

علامہ عثمانی کی جرأت و حق گوئی:

علامہ عثمانی صرف ایک باکمال خطیب ہی نہیں تھے بلکہ حق گو خطیب تھے، اظہارِ حق میں بے باک تھے، سلطان کی سلطنت یا حاکم کی ستم زوری کسی کو خاطر میں نہ لاتے تھے، ایک وقت ایسا آیا کہ نظامِ حیدرآباد عثمان علی خان پر تفضیلیت کا غلبہ تھا، اتفاق سے

وہ مسجد میں نماز پڑھنے آئے، تو علامہ عثمانی نے دلنشیں انداز میں فضائل صحابہ پر تقریر فرمائی، آپ کی بے باکانہ اظہارِ حق پر لوگ بہت خوش ہوئے، آپ نے فرمایا کہ "اگر آج حضرت بلال رضی اللہ عنہ کے پیرہن کا ٹکڑا بھی نظام صاحب کو مل جائے تو وہ اس کو مایۂ افتخار تصور کریں گے، اس پر نظام صاحب اپنی جگہ سے اچھل پڑے اور فرمانے لگے کہ بے شک مولانا"

اسی طرح جب آپ مع وفد کے گنبد خضرا کے بقاءِ دوام کے سلسلے میں حجاز شریف تشریف لے گیے، مؤتمر میں شاہ ابن سعود اور علماءِ نجد و حجاز کے سامنے جرأت و بہادری کے ساتھ اپنے صحیح نقطۂ نظر کو واضح کر دیا، اور چوں کہ علماء نجد توحید و شرک کے مسئلے میں ذرا متشدد تھے، سو آپ نے سلطان کے سامنے ہی اس غلو آمیز نقطۂ نظر کی تردید کی، اور صحیح زاویۂ نگاہ کو پیش کر دیا، اس سے جہاں ایک طرف آپ کا علمی رعب و داب علماءِ حجاز کے دلوں پر بیٹھا، وہیں دوسرا عظیم فائیدہ یہ ہوا کہ آج تک الحمدللہ ظاہراً انہیں علما کے بدولت گنبدِ خضرا اپنی شان و شوکت کے ساتھ دل آویز منظر پیش کر رہا ہے، اور جو درحقیقت اب مدینہ منورہ کی تصویری شناخت ہے۔

قیامِ پاکستان کے مساعی:

علامہ عثمانی نے قیامِ پاکستان کے سلسلے میں بھی غیر معمولی کردار ادا کیا، مسٹر محمد علی جناح جو اس تحریک کے سب سے بڑے قائد تھے علامہ عثمانی سے اس سلسلے میں مشورے بھی کرتے تھے اور علامہ عثمانی بھی ان کے دوش بدوش رہے، حتی کہ بانیانِ پاکستان میں آپ کا بھی نام شمار کیا جاتا ہے، حصولِ پاکستان کے لیے آپ نے باضابطہ تحریکیں چلائی اور جمعیت علماء ہند کے مقابلے میں مسلم لیگ کے نظریہ پاکستان کی حمایت و تائید میں ۱۹۴۵ء میں شہر کلکتہ کے اندر جمعیت علماء اسلام کی بنیاد ڈالی، پھر کلکتہ میں ہی چار روزہ جمعیت علماء

اسلام کا شاندار اجلاس ہوا، مگر آپ اس اجلاس میں مرض کی بنا پر شرکت نہ فرما سکے، لیکن ۲۹ صفحے پر مشتمل ایک طویل پیغام آپ نے لکھ کر کلکتہ کے اجلاس میں بھیج دیا، اس پیغام نے سامعین پر عجیب محویت اور بے خودی کا عالم طاری کر دیا، اور نعرہائے تکبیر اور علامہ عثمانی زندہ باد کے نعرے لگائے گیے، اس پیغام میں ایک جگہ لکھا ہے" بہر حال اس (مرکز) کا نام پاکستان رکھو یا حکومت الہیہ یا اور کوئی، اتنی بات ضرور ہے کہ مسلمان ایک مستقل قوم ہیں، اور ان کے لیے ایک مستقل مرکز کی ضرورت ہے جو اکثریت و اقلیت کی مخلوط حکومت میں کسی طرح حاصل نہیں ہو سکتا" (حیات عثمانی ص۴۸۷) آپ اس جمعیت کے صدر بنائے گیے اور پھر بفضل خدا رو بہ صحت ہو گیے، اور حصول پاکستان کے سلسلے میں دیوبند، میرٹھ، دہلی وغیرہ مقامات میں جا کر جوشیلی تقریریں کیں، اور قیامِ پاکستان کی کامیابی کو یقینی بنانے لگے، یہی وجہ تھی کہ پاکستان کے منصۂ شہود پر جلوہ گر ہو جانے کے بعد اس نئے مملکت اسلامیہ کی پرچم کشائی کے لیے قائد اعظم نے ڈھاکہ میں علامہ ظفر عثمانی اور کراچی میں علامہ شبیر احمد عثمانی کا انتخاب کیا، چنانچہ پاکستان کو سب سے پہلے ان بزرگوں کے ہاتھوں سے پرچم کشائی کا شرف حاصل ہوا۔

وفات حسرت آیات:

علامہ عثمانی کی وفات ۱۴ دسمبر ۱۹۴۹ء میں وزیر تعلیم بہاولپور اسٹیٹ کی کوٹھی پر واقع ہوئی، وفات سے پہلی والی شب میں بخار اور سینۂ میں تکلیف تھی، مولانا بدر عالم میرٹھی مہاجر مدنی نے آپ کو غسل دیا، پھر آپ کی میت کو لکڑی کے تابوت میں بند کر کے کراچی لایا گیا، جہاں بے شمار مسلمانوں نے نماز جنازہ پڑھی، اور نماز جنازہ مفتی محمد شفیع عثمانیؒ نے پڑھائی، اور آپ کا جسدِ خاکی اسلامیہ کالج جمشید روڈ کراچی میں سپرد خاک کر دیا گیا۔ اناللہ وانا الیہ رجعون

مرتحل شد چوں شیخ عثمانی
دل ما شد ز تیغِ غم دو نیم
گفت نامیؔ بسال رحلت او
شیخ الاسلام قدوۂ اقلیم

۱۳۶۹ھ

***

شارح بخاری شیخ الحدیث علامہ عثمان غنیؒ : شخصیت و خدمات

مفتی محمد خالد حسین نیموی قاسمی

ایک انسان بفضل الٰہی اپنی لگاتار محنت اور مسلسل کوشش و کاوش سے رفعت و بلندی کے کس اعلیٰ مقام پر فائز ہو سکتا ہے؛ اس کی ایک مثال حضرت علامہ عثمان غنی قاسمی (۲۰۱۱،۱۹۲۲) شیخ الحدیث جامعہ مظاہر العلوم سہارنپور یوپی کی شخصیت ہے۔

حضرت علامہ عثمان نے نقطۂ صفر سے آغاز کر کے اس مسند حدیث تک پہنچنے کا شرف حاصل کیا، جس پر اپنے زمانے میں عالمی شہرت یافتہ محدث شیخ الحدیث حضرت مولانا محمد زکریا کاندھلوی اور محدث جلیل مولانا خلیل احمد محدث سہارنپوری، محدث یگانہ حضرت مولانا محمد یحییٰ کاندھلوی فائز ہوا کرتے تھے۔

جنھوں نے محض اللہ تعالیٰ کے فضل و کرم سے سرور کائنات حضرت محمد ﷺ کی احادیث کے لازوال مجموعہ؛ قرآن کریم کے بعد تمام کتابوں میں زیادہ صحیح کتاب امام بخاری کی کتاب الجامع الصحیح کی تیرہ جلدوں پر مشتمل اردو زبان میں ایسی مکمل اور شاہ کار شرح لکھنے کارنامہ انجام دیا کہ اردو زبان میں کسی اور نے آپ سے قبل مکمل طور پر یہ کارنامہ انجام نہیں دیا تھا۔ علامہ اب ہمارے درمیان نہیں رہے، لیکن ان کے تحریری کارنامے اور ان کے تیار کردہ تلامذہ اور شاگردوں کی جماعت انھیں زندہ جاوید رکھنے کے

لیے کافی ہے۔

علامہ عثمان غنی علم حدیث، علم تفسیر، علم فقہ اور میدان خطابت کے یکساں شہسوار تھے؛ شب و روز ان کی مشام جان " قال اللہ و قال الرسول " کے صدائے جاں افزا سے معطر رہتی تھی۔ وفات کے بعد بھی ان کی علمی میراث دوسروں کے قلوب کو عشقِ الٰہی اور محبت رسول سے منور کرنے کی زبردست صلاحیت رکھتی ہے.

موصوف کا نام عثمان غنی تھا آپ کے والد جناب مولوی عبد اللہ گاؤں کے ایک درمیانہ درجہ کے کسان اور دینی مزاج کے حامل تھے، علامہ کی پیدائش، ضلع بیگوسرائے کے شمال میں تقریباً پانچ کلو میٹر کے فاصلے پر واقع بستی "چلمل" میں ۱۹۲۲، (پاسپورٹ میں درج تاریخ کے مطابق) ہوئی۔

تعلیم تربیت:

آپ کی ابتدائی تعلیم بیگوسرائے قلب شہر میں واقع قدیم ترین دینی درسگاہ مدرسہ بدر الاسلام بیگوسرائے میں ہوئی، بلکہ متعدد قدیم علماء کا کہنا ہے کہ آپ مدرسہ بدر الاسلام کے بالکل شروعاتی دور کے طلبہ میں سے رہے ہیں، آپ کے اس وقت کے رفقاء میں جناب حافظ محمد ابراہیم میر گنج (مدفون جنت المعلی مکہ مکرمہ) شامل ہیں۔

ابتدائی تعلیم سے فراغت کے بعد متوسطات کی تعلیم مدرسہ محمدیہ عربیہ گوگری، ضلع مونگیر حال ضلع کھگڑیا (قائم کردہ قطب عالم مولانا محمد علی مونگیری) میں حاصل کی ۔ آپ کے متوسطات کے اساتذہ میں مفسر قرآن بیگوسرائے میں علم کے سب سے بڑے معمار استاذ الاساتذہ حضرت مولانا محمد ادریس نیموی شامل ہیں۔ اسی طرح کچھ ایام بنگلہ دیش میں بھی تعلیم پائی جہاں پر آپ کے والدِ گرامی کا تجارتی مشغلہ تھا

اعلی تعلیم حاصل کرنے کے لیے دار العلوم دیوبند کا سفر کیا۱۹۴۶ء دارالعلوم دیوبند

میں داخلہ لیا اور سن ۱۹۵۰ء میں سند فضیلت حاصل کی۔ آپ کے اساتذہ میں شیخ الاسلام حضرت مولانا سید حسین احمد مدنی حضرت علامہ شبیر احمد عثمانی، شیخ الادب مولانا اعزاز علی امروہوی، علامہ ابراہیم بلیلاوی خاص طور پر قابل ذکر ہیں۔

آپ نے دارالعلوم دیوبند میں ایام طالب علمی کے پانچ سال گذارے، اس دوران آپ نے متعدد اساتذہ کرام کے سامنے زانوئے تلمذ طے کیا، شیخ الاسلام حضرت مولانا سید حسین احمد مدنیؒ سے بخاری شریف، ترمذی شریف اول، شیخ الادب حضرت مولانا اعزاز علی امروہویؒ سے ترمذی شریف جلد ثانی، ابوداؤد شریف، شمائل ترمذی اور ہدایہ نیز حضرت علامہ محمد ابراہیم بلیلاویؒ سے مسلم شریف کا درس لیا۔

حضرت علامہ عثمان غنی سابق شیخ الحدیث جامعہ مظاہر العلوم سہارنپور کی ایک مجلس میں ایک سلسلہ گفتگو میں دارالعلوم دیوبند کے ماہرِ ادب اساتذہ کا تذکرہ ہونے لگا. اس عاجز نے کہا کہ دارالعلوم دیوبند میں عربی زبان وادب میں سب سے ممتاز حضرت امینی اور دارالعلوم وقف میں سب سے ماہر مولانا اسلام قاسمی ہیں؛ تو علامہ کہنے لگے وقف کے بارے میں تو نہیں پتہ؛ البتہ دارالعلوم دیوبند میں مولانا کیرانوی کے بعد سب سے بڑے ادیب حضرت مولانا ارشد مدنی ہیں، اس کی دلیل یہ ہے کہ جس وقت دارالعلوم میں شیخ منعم نمر جامع ازھر کی طرف سے مبعوث تھے اور یہاں عربی زبان وادب کی تعلیم دیتے تھے، اس وقت حضرت ہمارے شیخ حضرت مولانا حسین احمد مدنی نے انھیں خصوصی طور پر اپنے صاحب زادے مولانا ارشد مدنی کی عربی تعلیم کے لیے مقرر کیا تھا اور انھیں اپنی تنخواہ سے زیادہ اکرامیہ دیا کرتے تھے. ظاہر ہے اس اہتمام کے ساتھ ان کی عربی تعلیم ہوئی ہے تو مہارت تو ہو گی. اس گفتگو کا تذکرہ جب میں نے حضرت مولانا اسلام قاسمی سے کیا؛ تو کہنے لگے کہ حضرت علامہ کی بات اپنے شیخ زادہ کے بارے میں اپنی جگہ. البتہ میرا تو

مشاہدہ یہ ہے کہ برجستہ عربی انشاء پردازی اور عربی صحافت میں فی الحال دیوبند میں مولانا امینی کا کوئی ہمسر نہیں بلکہ وہ طاق ہیں. میں نے کہا حضرت آپ کی بات سے اتفاق البتہ عربوں کے لہجے میں عربی میں برجستہ گفتگو کے معاملہ میں حضرت مدنی امتیاز رکھتے ہیں۔

علامہ عثمان غنی اپنے شیخ و مرشد شیخ الاسلام مولانا سید حسین احمد مدنی پر سو جان سے قربان تھے، ان کا اعتماد بھی آپ پر تھا اور آپ بھی اپنے استاذ گرامی کا اشارہ پاکر اپنے ہم درس استاذ زادہ فدائے ملت حضرت مولانا سید اسعد مدنی کو مختلف کتب حدیث کے اسباق کا تکرار و مذاکرہ کروایا کرتے تھے. حضرت مدنی کے تمام صاحب زدگان سے آپ کو بڑی محبت و عقیدت تھی۔

خدمات و سرگرمیاں: اپنی سرگرمیوں کا آغاز امارت شرعیہ کے شعبہ تبلیغ سے کیا۔ بعدہ حضرت مولانا سید عبد الاحد مونگیری قاسمی بیگوسرائیوی (مصنف "العلالۃ الناجحۃ تعریب العجالۃ النافعۃ) کی ایماء پر بنگلہ دیش تشریف لے گئے۔ وہاں ٹکسال ضلع میں ایک مدرسہ میں استاذ حدیث کے طور پر خدمات انجام دینے لگے۔ اس درمیاں انھوں نے متعدد کتابیں تصنیف کیں، جن میں شرح العقائد النسفیہ کی اردو شرح، جلالین کی اردو شرح، فیض الامامین اور مرآۃ شرح اردو مشکوۃ قابل ذکر ہیں۔

راقم السطور سے حضرت بڑی شفقت کا معاملہ فرماتے تھے. یہ عاجز بھی حضرت کا خوشہ چین تھا. دارالعلوم دیوبند میں رہتے ہوئے عام طور پر حضرت سے استفادہ کے لیے سہارنپور حاضر ہوتا تھا۔

۱۹۹۸ / ۱۹۹۹ میں بندہ از ہر ہند دارالعلوم دیو بند میں معاون مدرس تھا، وطنی قرابت کی وجہ سے اور خاص تعلق کی وجہ سے استفادہ کی غرض سے علامہ کی خدمت میں سہارنپور آنا جانا ہوتا تھا حضرت نے ایک مجلس میں اپنی بعض کتابوں کے حوالہ سے راقم

الحروف سے فرمایا کہ میری بعض کتابیں وہ بھی ہیں، جن کے سرورق سے میرا نام غائب ہے، کچھ ناشروں نے دانستہ یا غیر دانستہ طور پر میرا نام حذف کر دیا ہے، چوں کہ یہ کتابیں بنگال، آسام یا بنگلہ دیش میں زیادہ چھپتی ہیں، اس لیے کوئی گرفت کرنے والا نہیں ہے لیکن اندرونِ کتاب بعض مباحث کے اختتام پر یا حاشیہ پر اشاراتی انداز میں، میں نے ع، غ، بہاری. یا ع، غ، قاسمی. لکھ رکھا ہے۔ جس سے مصنف کی شناخت ہو جاتی ہے۔ تم چاہو تو اس کا مشاہدہ کر سکتے ہو. دیوبند میں بھی بعض مکتبوں میں میرے نام کے بغیر میری کتابیں مل جائیں گی۔

بنگلہ دیش رہتے ہوئے آپ نے بڑی بیش قیمت تحریری خدمات انجام دیں. بعد ازاں مولانا سید فخر الدین گیاوی کے ایما پر بنگلہ دیش سے واپس بہار تشریف لائے اور اپنے وطن چلمل، بیگو سرائے میں اپنے شیخ کی نسبت سے مدرسہ حسینیہ چلمل قائم کیا. مدرسہ حسینہ مدرسہ بدر الاسلام کے بعد قائم ہونے والا اس علاقہ کا دوسرا بڑا مرکز علم ہے۔

بعد ازاں نلنی پاڑہ ضلع ہگلی میں استاذ حدیث اور کربلا مسجد کلکتہ کے خطیب کے طور پر خدمات انجام دیتے رہے۔ دگھی ضلع گڈا جھارکھنڈ میں بھی آپ نے ایک ادارہ قائم کیا اور کچھ دنوں تک اس کی سربراہی کرتے رہے۔

۱۹۵۵ء میں مدرسہ رشید العلوم چترا (جھارکھنڈ) تشریف لے آئے؛ جہاں آپ نے ترمذی شریف و مسلم شریف کا درس دیا۔

مختلف جگہوں پر درس و تدریس اور دعوت و تبلیغ کی خدمات انجام دینے کے بعد دور دراز علاقوں میں بھی آپ کی شہرت پھیل گئی۔ جب ان کے رسوخ فی العلم بالخصوص علم حدیث اور اسماء رجال میں مہارت کا شہرہ گجرات کے علاقہ میں پہنچا تو اس علاقہ کے بعض

ذمہ داران بالخصوص حضرت مولانا عبد الاحد تاراپوری کے اصرار پر تاراپور گجرات تشریف لے گئے اور دار العلوم تاراپور میں شیخ الحدیث کے طور پر خدمات انجام دیتے رہے، انھیں ایام میں انھوں نے بخاری شریف کی مکمل اردو شرح لکھنے کا ارادہ کیا. چوں کہ اب تک بخاری کی کوئی مکمل اردو شرح نہیں لکھی گئی تھی۔ اکابر کی جو بھی شروحات اردو زبان میں شائع ہو چکی تھیں ان میں سے کوئی بھی پایہ تکمیل تک نہیں پہنچ سکیں تھیں، بلکہ چند جلدوں کے آنے کے بعد یا تو شارح کی وفات ہو جاتی یا کسی اور عذر کی وجہ سے سلسلہ ناقص رہ جاتا۔

اس لیے عام روش سے ہٹ کر انھوں نے اپنی شرح نصر الباری کی شروعات بخاری جلد دوم کتاب المغازی سے کی۔ ایک جلد کی تکمیل تاراپور گجرات ہی میں ہوئی۔ جب یہ شرح چھپ کر منظر عام پر آئی، تو اسے بڑی مقبولیت ملی عام، اردو ترجمہ کے اہتمام اور ترجمۃ الباب کی مختصر وضاحت کی وجہ سے عام حلقوں خاص کر طلبہ کے ما بین اسے بڑی مقبولیت حاصل ہوئی۔ اس سے حوصلہ پا کر انہوں نے اس سلسہ کی تکمیل کا ارادہ کر لیا، اللہ نے ان کے اس عزم کو قبول فرمایا اور تاریخ میں پہلی بار مکمل بخاری شریف کی کوئی مکمل اردو شرح زیور طبع سے آراستہ ہوئی۔ اس شرح کی پہلی اشاعت دار التالیف چلمل سے عمل میں آئی، بعد ازاں آپ نے دیوبند کے مشہور اشاعتی ادارہ زکریا بکڈپو سے معاہدہ کیا اور اس کی تمام بارہ جلدوں کی اشاعت انڈیا میں اسی اشاعتی ادارے سے عمل میں آئی. جب کہ پڑوسی ملک پاکستان اور بنگلہ دیش کے مختلف اشاعتی اداروں نے بھی اسے بڑے اہتمام سے شائع کیا۔

گذشتہ دنوں شوشل میڈیا کے ذریعے بخاری شریف کی ایک ایسی شرح سے واقفیت حاصل ہوئی، جس کے بارے میں دعویٰ کیا جارہا ہے کہ یہ اب تک کی سب سے جامع،

تحقیقی اور مفصل و محقق اردو شرح ہے. شرح کا نام ہے: "کشف الباری عمافی صحیح البخاری" بخاری شریف کی یہ شرح بیس جلدوں پر مشتمل ہے۔ مشہور صاحب قلم عالم دین، ماہنامہ آئینہ مظاہر کے ایڈیٹر جناب مفتی ناصر الدین مظاہری نے اپنے فیس بک جداریہ پر اس شرح کا تعارف یوں درج فرمایا: "بخاری شریف کی سب سے مفصل اور علمی و تحقیقی شرح کا اب تک کا سب سے عمدہ نسخہ۔

افادات: حضرت مولانا سلیم اللہ خان

ترجمہ بخاری: حضرت علامہ محمد عثمان غنی (شیخ الحدیث مظاہر علوم وقف سہارنپور)

معیاری طباعت، عمدہ کاغذ اور خوب صورت و مضبوط جلدوں کے ساتھ مکتبۃ النور دیوبند میں دستیاب ہے۔

اس جامع شرح میں علامہ عثمان غنی قاسمی سابق شیخ الحدیث مظاہر علوم سہارنپور کا ترجمہ دیکھ کر اس عاجز کو بڑی مسرت ہوئی اور اندازہ ہوا کہ اللہ تعالیٰ نے اپنے خاص فضل سے علامہ عثمان غنی کے ترجمۂ بخاری کو وہ مقام و مرتبہ عطا کیا ہے وہ مقبولیت عطاء کی جو مقام و مقبولیت مسند ہند حضرت شاہ ولی اللہ محدث دہلوی کے صاحب زادگان حضرت شاہ رفیع الدین دہلوی اور شاہ عبد القادر دہلوی کے ترجمہ و تفسیر کو اللہ تعالیٰ نے عطا فرمایا.. انڈیا کے ساتھ پڑوسی ملکوں میں اس ترجمہ کی بڑے پیمانے پر پذیرائی آپ کے اخلاص وللّٰہیت کی دلیل ہے..

کشف الباری میں متن کے ترجمہ کے طور پر علامہ عثمان غنی کے ترجمہ کی اشاعت اس امر کی بھرپور عکاسی کرتی ہے. ورنہ ایک اسلامی جمہوریہ کے وفاق المدارس کے صدر اور ایک ممتاز ادارہ کے سربراہ شیخ الحدیث، فخر المحدثین حضرت مولانا سلیم اللہ خاں کے درسی افادات و تشریحات کے ساتھ حضرت علامہ عثمان غنی کے ترجمہ کی شمولیت کا اور کیا

مطلب ہو سکتا ہے؟ کسی اور بزرگ کا ترجمہ بھی درج کیا جاسکتا تھا۔

انتقال پر ایک عشرہ سے زائد عرصہ گذرنے کے باوجود ایسا محسوس ہوتا ہے کہ حضرت کی ذات طالبان عوم نبوت کے مابین جلوہ افروز ہو کر ان کی علمی رہنمائی کر رہی ہے. موجودہ وقت میں شیخ الحدیث مولانا سلیم اللہ خاں کے افادات کے ساتھ حضرت علامہ کے ترجمہ کی اشاعت اس کی واضح دلیل ہے.

تاراپور گجرات رہتے ہوئے فقیہ الامت حضرت مفتی مظفر حسین ناظم و متولی جامعہ مظاہر علوم (قدیم) کی مردم شناش نظر علامہ عثمان غنی پر پڑی اور انھوں نے موصوف کو مظاہر کے استاذ حدیث کے طور پر مدعو کیا۔

دارالعلوم تاراپور میں ایک عرصہ خدمات انجام دینے کے بعد آپ مفتی مظفر حسین کی دعوت پر ۹/ شوال المکرم ۱۴۰۹ھ مطابق سن ۱۹۸۸ء میں جامعہ مظاہر علوم سہارنپور تشریف لائے۔

مفتی مظفر صاحب کی حیات میں بخاری جلد دوم مسلم شریف اول و دوم کی تدریس آپ سے وابستہ رہی۔ بلکہ مفتی صاحب کے اخیر عہد میں بخاری اول کے زیادہ تر حصے بھی آپ ہی مکمل کراتے تھے۔ آپ کے سینکڑوں تلامذہ کی شہادت سے اندازہ ہوتا ہے کہ آپ کا درس طلبہ کے درمیان بے انتہا مقبول تھا۔

مفتی مظفر حسین اجڑاروی صاحب کی وفات کے بعد باضابطہ طور پر شیخ الحدیث کی ذمہ داری بھی آپ کے سپرد کر دی گئی۔ تقریبا ۲۲ سال تک مسلسل جامعہ مظاہر علوم میں استاذ حدیث اور اخیر میں شیخ الحدیث کے طور پر علوم قرآن و سنت کی ترویج و اشاعت میں منہمک رہے۔

آپ اپنے قد و کاخت کے لحاظ سے بہت مضبوط تھے. گٹھا ہوا بدن، درمیانہ قد،

کشادہ پیشانی، کندھے تک لٹکتے بال اور ذہین آنکھیں آپ کی ذہانت کی عکاسی کرتی تھیں. آپ ہمیشہ دو پلی ٹوپی، سادہ لباس اور حسبِ موسم شانے پہ اونی رومال رکھا کرتے تھے۔

۲۰۰۲ء میں مدرسہ رحمانیہ سپول، دربھنگہ کے پروگرام میں جاتے ہوئے ایکسیڈنٹ کا شکار ہو جانے کی وجہ سے اخیر عمر میں بیساکھی کے سہارے چلا کرتے تھے، انتہائی سادہ دل، سادہ مزاج اور سادگی پسند تھے۔

تصانیف: حضرت علامہ مجلسی ٹائپ کے آدمی نہ تھے، جن کا بڑا وقت ملاقاتیوں کے ساتھ گپ شپ میں ضائع ہو جاتا ہے؛ بلکہ وہ قلم کے دھنی تھے، وقت کی ان کے نزدیک بڑی قیمت تھی۔ ضروری امور کے علاوہ سارا وقت مطالعہ اور تصنیف کے لیے نکال کر رکھتے تھے۔ اس لیے اللہ نے جس طرح آپ کی تدریس میں برکت رکھی، اسی طرح تصنیف و تالیف میں بھی برکت عطا کی۔ آپ کی متعدد چھوٹی بڑی تصانیف میں:

(۱) نصر الباری شرح بخاری مکمل ۱۳ جلدیں

(۲) نصر المنعم شرح صحیح مسلم۔

(۳) نصر المعبود شرح سنن ابی داؤد

(۴) شرح جلالین اردو

(۵) شرح اردو شرح عقائد نسفی

(۶) شرح ہدایہ۔

(۷) مرآۃ شرح مشکوۃ۔ وغیرہ خاص طور پر مقبول خاص و عام ہوئیں۔

اسفار: ملک کے تقریباً تمام حصوں کا آپ نے مختلف عنوان سے سفر کیا۔ بیرونی اسفار میں بنگلہ دیش کا ہر سال سفر فرمایا کرتے تھے، اس کے علاوہ حج بیت اللہ کے لیے سعودی عرب کا سفر بھی کیا۔

اجازت و خلافت: آپ ابتداء اپنے شیخ حضرت مولانا حسین احمد مدنی سے بیعت ہوئے۔ بعدہ حضرت مفتی مظفر حسین نے آپ کو اجازت دی اور خرقہ خلافت عطا کیا۔

وفات: مورخہ ۱۳ صفر ۱۴۳۲ھ مطابق ۱۳ جنوری ۲۰۱۱ء بوقت ۴ بجے صبح روح قفص عصری سے پرواز کر گئی اور اپنے پیش رو فقیہ ملت حضرت مفتی مظفر حسین کے جوار میں مدفون ہوئے نماز جنازہ صاحبزادہ محترم حافظ و قاری محمد عمران مظاہری نے پڑھائی۔ رحمہ اللہ رحمۃ واسعۃ۔

بالیقین علامہ عثمان غنی دارالعلوم دیوبند کے ان فخر روزگار قدیم ترین فضلاء میں سے تھے جنہوں نے نہ صرف علمی حلقوں میں اپنی منفرد شناخت بنائی. بلکہ مادر علمی کی پاکیزہ روایتوں کو آگے بڑھایا، افسوس کہ گلشن علم وادب کی آبیاری کرنے والی ایسی عبقری شخصیات کی خاطر خواہ قدر دانی نہ ہو سکی. اللہ تعالیٰ آپ کے چھوڑے ہوئے سرمایہ علم سے ہمیں مستفید ہونے کی توفیق عطا فرمائے۔

***

پیر ذوالفقار احمد نقشبندی مجددی: زندگی کا سفر

محمد علقمہ صفدر ہزاری باغوی

یہ بات کانوں سے بارہا سنی گئی کہ برصغیر ہند میں اشاعتِ اسلام اور اشاعت دین و توحید کا ایک بڑا ذریعہ صوفیاءِ کرام ہیں، یہ بات ٹھیک بھی ہے کہ انہیں اہل اللہ نے اپنے خانقاہوں اور خلوت گاہوں میں بیٹھ کر ہزاروں کی زندگیاں بدل دیں، اور ہزاروں کی تعداد میں لوگوں کو شرک و کفر، بدعات و خرافات اور باطل عقائد و نظریات کے دلدل سے نکال کر ایمان و توحید کی طرف لائے، برصغیر میں ہر زمانے میں صوفیاء کرام کا ایک گروہ موجود رہا ہے، اور ان ۱۵ صدیوں میں ان صوفیاء کرام کی ایک لمبی فہرست ہے، انڈیا کی افیشل رپورٹ کے مطابق دو حضرات ایسے گزرے ہیں جنہوں نے ملکی پیمانے پر اثرات ڈالے ہیں، ایک حضرت خواجہ معین الدین چشتی اجمیریؒ اور دوسرے سید احمد شہید رحمۃ اللہ علیہ، ان دونوں حضرات کے اصلاح و ارشاد کے اثرات ہزاروں پر نہیں بلکہ لاکھوں اشخاص پر پڑی ہیں، آ ایک بڑی تعداد نے ان کے ہاتھوں پر اسلام قبول کیا ہے، اور اب تیسری شخصیت جو اسی مقبولیت و محبوبیت کے حامل ہیں وہ ہے حضرت جی پیر ذوالفقار احمد نقشبندی دامت برکاتہم العالیہ، حضرت جی کا فیض صرف برصغیر میں ہی نہیں بلکہ یورپ، امریکہ، افریقہ دنیا کے تقریباً ۷۰ سے زائد ملکوں تک پھیلا ہے، ان کی ذات ایسی ذات ہے کہ جن کی بنا پر لاکھوں لوگوں کو رجوع اللہ کی توفیق رفیق ہوئی، جن کی وجہ

سے ہزاروں لوگوں کے تعلق مع اللہ میں مضبوطی آئی، جن کے نورانی چہرے کے دیدار سے خدا یاد آتا ہے، جن کو دیکھ کر عمل صالح کرنے کی ہمت، جذبہ، لگن اور ولولہ پیدا ہوتا ہے، جن کی صحبت کیمیاے اکسیر ہے، کتنوں کو کندن بنا دیا، کتنوں کے جوہر کو نکھارا، سلوک کی راہ میں کتنے ہی مشت خاک کو رشک آفتاب بنا دیا، کتنے لوگوں کو اسلام کی دولت عظمیٰ نصیب ہوئی، کتنوں نے مقصد زندگی کی واقفیت حاصل کر لی، کتنوں نے خدا اور رسول کو پالیا، یقیناً یہ سب حضرت جی دامت برکاتہم العالیہ کی ذات کا فیض ہے، جن کا وجود ہم سب کے لیے ایک نعمت عظمیٰ اور ان سے عقیدت و محبت ہم سب کے لیے باعث اجر و سعادت ہے۔

ولادت وابتدائی حالات:

حضرت جی دامت برکاتہم العالیہ کی ولادت باسعادت جھنگ کے کھرل خاندان میں یکم اپریل ۱۹۵۳ عیسوی میں ہوئی، حضرت جی چونکہ اپنے والدین کے سب سے چھوٹے فرزند تھے اس لیے آپ پورے خاندان کے لیے مرکز توجہ بن گئے، والدین اور بھائی بہنوں کی بے پناہ شفقتیں و محبتیں آپ کے نصیبے میں آئی، آپ کا پورا گھرانہ پاک طینت، نیک طبیعت اور انتہائی دیندار تھا، بالخصوص آپ کے والدین عبادت و ریاضت کے خوب شائق تھے، پابندیِ صوم و صلاۃ اور اہتمام نوافل و تہجد میں قابل رشک تھے، حضرت جی خود رقم طراز ہیں کہ " وہ (حضرت جی) جب اپنے زندگی کے تیسرے سال میں تھا اور والدہ صاحبہ کے ہمراہ ایک ہی بستر میں سوتا تھا تو کئی مرتبہ رات کے آخری پہر میں والدہ صاحبہ کو بستر پر موجود نہ پاکر اٹھ بیٹھتا، دیکھتا تھا کہ وہ سرہانے کی طرف مصلیٰ بچھا کر نماز تہجد میں مشغول ہے، میں منتظر رہتا کہ نماز کب ختم ہوگی؟ والدہ صاحبہ نماز کے بعد دامن پھیلا کر آواز سے رورو کر دعائیں مانگتی اور میرا بھی نام لے کر خوب دعائیں مانگتی۔

تعلیم واساتذۂ کرام:

حضرت جی نے ناظرۂ قرآن پاک غلام رسول صاحبؒ سے پڑھی، پھر اسکول میں داخلہ لیا اور چھٹی سے بارویں جماعت تک مسلسل عربی کا مضمون پڑھنے کی وجہ سے صرف ونحو میں دلچسپی پیدا ہوگئی تھی، مگر اس میں مزید استعداد پیدا کرنے کے لیے ایک عربی استاد محمد حسین صاحب سے بھی استفادہ کیا پھر ایف ایس سی کا امتحان دینے کے بعد مفتی ولی اللہ صاحبؒ مفتی اعظم جھنگ سے فارسی کی ابتدائی کتابیں مثلاً گلستاں، بوستاں، مالا بد منہ وغیرہ پڑھی، اور صرف ونحو کی کتابیں مثلاً شرح مأۃ عامل وغیرہ شام کے گھنٹے میں پڑھتے تھے، پھر عربیت میں مزید گہرائی وگیرائی پیدا کرنے کے لیے ماہر نحو وصرف مولانا محمد اشرف شاد صاحبؒ سے دو مرتبہ دورہ صرف ونحو کیا، بلکہ صرف صغیر کو ایک ہی سانس میں سنا کر انعام واکرام سے بھی نوازے گئے، فقہ کی کتابیں حضرت مولانا امین کشمیری صاحبؒ سے پڑھی، اور عمدۃ الفقہ کو اپنے شیخ سید زوار حسین شاہ رحمۃ اللہ علیہ سے خصوصی مجالس میں پڑھی، عربی ادب کی کتابیں آپ نے شیخ الحدیث حضرت مولانا حبیب اللہ ناظم معہد الفقیر سے پڑھیں، پھر حضرت مولانا خلیل احمد صاحب سے قرآن پاک کا ترجمہ وتفسیر دو سال میں سبقاً سبقاً مکمل کی، پھر حدیث پاک حافظ الحدیث مولانا جعفر صاحب سے پڑھی مزید یہ کہ آپ کو کئی مدارس سے اعزازی سند واجازت بھی حاصل ہے بالخصوص دار العلوم دیوبند سے۔

حصول بیعت وطریقت:

جیسا کہ عرض کیا جاچکا ہے کہ حضرت جی خاندانی دینی ماحول اور والدین کی خصوصی تربیت وصحبت کی بنا پر عہدے طفولیت سے ہے نیک صفت ونیک خو طبیعت وشخصیت کے مالک تھے، بر ایں بنا ابتدا ہی سے آپ کا خصوصی ذوق ورجحان بھی اصلاح وتزکیۂ نفس کی

طرف رہا، اسی تزکیۂ نفس اور تصفیۂ قلب کی غرض سے آپ نے اپنے ملک کے کئی نامور و معروف خانقاہوں کے چکر کاٹے، مگر ہر جگہ سے سنت رسول اللہ صلی اللہ علیہ وسلم کی پامالی اور بدعت و خرافات کی رواج پذیری نے آپ کو ناکام و نامراد واپس کر دیا، اور تقریباً ڈھائی سال مرشد و رہبر کی تلاش و جستجو میں سرگرداں و مرغ نیم بسمل کی طرح رقصاں رہے، مگر اس مدت میں بھی آپ نے اپنے آپ کو آزاد نہیں رکھا، بلکہ کتبِ تصوف سے استفادہ و رہنمائی حاصل کرتے رہے، ریاضت و مجاہدے کے ذریعے اپنے آپ کو اس اس عالی مقام تک لے گئے تھے کہ ایک ولی کامل حضرت بابو جی عبداللہ رحمت اللہ علیہ نے آپ کے متعلق خط میں ارشاد فرمایا "معلوم ہوتا ہے کہ آپ کا قلب جاری ہو چکا ہے، آپ فوراً کسی شیخ سے بیعت ہو جائیں، اللہ تعالیٰ آپ کے ذریعے لاکھوں انسانوں کو ہدایت عطا کریں گے، اگر بیعت نہ ہوئے تو خطرہ ہے کہ شیطان مردود فتنے میں نہ ڈال دے" پھر آپ نے بعد غور و فکر سید زوار حسین شاہؒ کے در دولت پر حاضر ہوئے، اور آپ کے ساتھ بیعت و ارادت کے ساتھ ساتھ باضابطہ تلمیذی تعلق بھی استوار کر لیے، پھر کیا تھا آپ ایک عاشقِ صادق اور طالبِ حق بن کر روزانہ شیخ کے آستانے پر حاضری دینے لگے، حتیٰ کہ جب آپ انجینیئرنگ کے امتحان سے فارغ ہوئے تو احباب کے ایک وفد کے ساتھ مسکین پر حاضر ہوئے اور چار ماہ کی ریاضت سے اصلاح نفس اور تزکیہ قلب میں مصروف ہو گئے، روزانہ سات سات گھنٹے مراقبہ میں منہمک و مصروف رہتے، بعدہ اپنے شیخ سید زوار حسین شاہؒ سے خوب سے خوب استفادہ کیے، اور ترقیات کے مراحل و مدارج طے کرتے رہے، حتیٰ کہ وہ غمگین کن حادثہ بھی پیش آیا جس نے آپ کو اپنے شیخ سے ہمیشہ کے لیے فرقت کا زخم اور داغ دے دیا، حضرت جی اپنے شیخ کے انتقال پر ملال سے ماہی بے آب کے مثل تڑپ اٹھے، اور مہینوں آنکھوں سے سیل رواں جاری رہا، بعدہ حضرت مرشد

عالم رحمت اللہ علیہ سے بیعت ثانی کے رابطے قائم کیے، اور مرشد عالم رحمت اللہ علیہ نے ہی آپ کو نقشبندی اجتماع کے موقع پر اجازت وخلافت سے نوازا، یہی آپ کے مرشد ثانی تھے، حضرت مرشد عالم کے ۹۰ سالہ مجاہدانہ اور عارفانہ زندگی کی تعلیمات کالب لباب و خلاصہ آپ کا یہ ملفوظ ہے کہ "اپنے عقائد اور ظاہری اعمال کو علماءِ دیوبند کے مطابق بناؤ، اور اتنی محنت کرو کہ خالق اور مخلوق دونوں کو تم پر ترس آجائے" حضرت جی پیر ذوالفقار صاحب نے شیخ وجیہ الدین صاحب سے سلوک وتصوف کے باب میں کافی اکتساب فیض بھی کیا، گویا کہ حضرت جی نے تزکیۂ نفس و تصفیۂ قلب کے واسطے کل چار مشائخ سے بالخصوص استفادہ کیے ہیں، (۱) مرشد اول سید زوار حسین شاہ (۲) مرشد ثانی مرشد عالم پیر غلام حبیب (۳) حضرت شیخ وجیہ الدین (۴) حضرت بابوجی عبد اللہ رحمہم اللہ سے

ازدواج واولاد:

حضرت جی کی شادی خانہ آبادی امام العلماء و الصلحا حضرت خواجہ محمد عبد الملک صدیقی رحمت اللہ علیہ کی سب سے چھوٹی دختر نیک اختر سے ہوئی، جو قرآن پاک کی حافظہ تھی، نکاح ورخصتی خانیوال کے سالانہ اجتماع پر ۲۳ مارچ بروز جمعہ کو ہوئی، نماز جمعہ کے بعد خود حضرت صدیقی صاحب رحمت اللہ علیہ نے خطبۂ نکاح پڑھا، اور مختصر بیان میں یہ بھی فرمایا کہ "یہ ذوالفقار اور نصرت علی میرے بچے ہیں، مجھے اتنے عزیز ہیں کہ ان پر تو میری جان بھی قربان ہے"۔

حضرت جی کے دو صاحبزادے ہیں (۱) مولانا پیر حبیب اللہ نقشبندی (۲) مولانا پیر سیف اللہ نقشبندی اول الذکر صاحبزادے کی ولادت ۲۴ ستمبر ۱۹۸۵ جھنگ میں ہوئی، جبکہ ثانی الذکر کی پیدائش اسی کے دو سال بعد ۲۵ ستمبر ۱۹۸۷ میں ہوئی، ماشاء اللہ دونوں صاحبزادے ایم اے عربی اور فاضل وفاق المدارس ہیں، دونوں صاحبان اپنے والد

حضرت نقشبندی کے نقش قدم پر رواں دواں ہیں، ایک مرتبہ حضرت جی دامت برکاتہم العالیہ نے اپنے بڑے صاحبزادے کے متعلق فرمایا کہ "میں نے حبیب اللہ کے بارے میں بہت سی دعائیں اللہ رب العزت سے مانگی تھی، جن میں سے کئی ایک پوری ہو چکی ہے اور جو باقی ہے اللہ تعالیٰ وہ بھی قبول فرمائے، ایک دعا اس فقیر نے یہ بھی کی تھی کہ اے اللہ! حبیب اللہ کو وقت کا مجدد بنا دے، اللہ تعالیٰ سے پر امید ہوں کہ وہ ہماری دعا کی ضرور لاج رکھے گا، دونوں صاحبزادوں میں اللہ تعالی نے گونا گوں صلاحیتیں ولیاقتیں بخشی ہیں، مگر بڑے صاحبزادے میں انتظامی صلاحیت جبکہ چھوٹے صاحبزادے میں علمی ذوق نمایاں اور قابل رشک ہیں۔

اخلاق و کردار:

سفید لباس میں ملبوس، سر عمامے سے مزین، آپ کی ظاہری شخصیت بھی غیر معمولی جاذبِ نظر اور دلنشیں ہے، آپ کا سراپا نہایت ہی خوبصورت ہے، آپ پر پڑنے والی ہر نظر ناظرین کے لیے درسِ حیات ہوتا ہے، منثور کی طرح ایسے پہلو دار شخصیت کے حامل ہیں کہ جس پہلو سے دیکھا جائے اس میں قوسِ قزح کے مانند گونا گوں رنگ سمٹتے نظر آتے ہیں، آپ کی آواز و انداز گفتگو میں قدرتی طور پر حلاوت و شیرینی نمایا ہوتی ہے، انسان شناسی و موقع شناسی کا کمال پایا جاتا ہے، چونکہ آپ کو ہر طبقے و ہر قسم کے لوگوں سے واسطے پڑھتے ہیں اس لیے گفتگو میں "کلم الناس علی قدر عقولھم" کو پیش نظر رکھتے ہیں، اسی طرح خوش طبعی و خوش مزاجی و مہمان نوازی کا بھی خاص وصف پایا جاتا ہے، اتباع سنت میں تو آپ طاق ہیں، معمولی سے معمولی عمل کو بھی سنت کے سانچے میں ڈھالتے ہیں، اتباع نبوی گویا آپ کی طبیعت کا جزءِ لا ینفک ہے، مکروہات شرعیہ آپ کی رگ رگ میں سرایت ہو کر مکروہات طبعیہ بن گئی ہے، خور و نوش، گفتار و کردار، نشست و

برخاست، ارادہ و عمل اور ذوق ورجحان غرض کی ہر ہر عمل میں اتباع نبوی کا مزاج پیدا ہو گیا ہے، آپ کے اتباع نبوی واتباع سنت کے بے شمار نادر و بے مثال واقعات موجود ہیں۔

اشاعتِ دین کا فکر:

حضرت جی دامت برکاتہم العالیہ پر اشاعتِ دین و سنت کا بے حد فکر و غم سوار رہتا ہے، دن و رات اشاعتِ دین کے لیے کمر بستہ رہتے ہیں، نہ تن بدن کی فکر، نہ آرام کی خواہش، نہ ضروریات کی پروا، بس ہمہ وقت فکرِ مسلسل وجہدِ پیہم میں مصروف رہتے ہیں، ذاتی تقاضوں پر دینی خدمات کو ترجیح دیتے ہیں، دن کہیں رات کہیں گویا کہ "انی دعوت قومی لیلاو نہارا" کی عملی تفسیر نظر آتے ہیں، اور "انفروا خفافا و ثقالا" کے مطابق پیغامِ الٰہی کی تبلیغ و ترسیل میں دربدر سرگشتہ و سرگرداں نظر آتے ہیں، آپ کی خواہش اور دلی تمنا ہے کہ وہ تمام دنیا میں اشاعتِ اسلام کے لیے تربیت یافتہ افراد کو بھیجوں، آپ نے دعوت کے لیے کٹھن سے کٹھن اور مشکل و دور دراز مقامات کا بھی سفر کیا ہے، حتیٰ کہ ساؤتھ افریقہ کے سفروں میں ایسی جگہ بھی پہنچے جہاں سائنس دانوں نے یہ لکھ کر لگایا ہوا ہے کہ the end of the world (یعنی دنیا کا آخری کنارہ) وہاں سمندر کے پانی میں آپ نے اپنے پاؤں ڈال کر اللہ کے اگے التجا کی، کہ یا اللہ یہاں سے آگے آپ کی زمین ختم ہو گئی ورنہ میں تیری دعوت و محبت کے پیغام کو لے کر آگے سے آگے چلا جاتا۔

میرا ہے پیغام محبت جہاں تک پہنچے

آپ نے ابھی تک دعوتِ دین کے لیے ۷۰ سے زائد ملکوں کا سفر کیا، انڈیا، نیپال، بنگلہ دیش، سعودی عرب، سنگاپور، مصر، تھائی لینڈ انڈونیشیا سویڈن روس فرانس امریکہ جرمنی برطانیہ اٹلی ترکی افغانستان تاجکستان ازبکستان کانگو وغیرہ ۷۰ ملکوں میں دعوت کا پیغام پہنچایا ہے حتی کہ اگر کسی ملک کا سفر کسی خاص غرض سے کرتے تو اس میں بھی

دعوت کی نیت کر لیتے اور یوں دعوت و پیغام کا مجسمہ جہاں جاتے نہ صرف یہ کہ سب کو دلدادہ و گرویدہ کر لیتے بلکہ ان سب کے باطن میں انقلاب کا بیج بو دیتے، شخصیت میں اصلاح پیدا کر دیتے، اسی لیے اگر آپ کسی شہر میں داخل ہوتے تو اگرچہ وقتِ دخول تنے تنہا ہوتے، مگر جب رخصت ہوتے تو پورے شہر سے جماعتیں الوداع کرنے کے لیے آتیں، اور نمدیدہ آنکھوں اور غم زدہ چہروں کے ساتھ حضرت کو رخصت کرتے۔

زیرِ سرپرستی مدارس:

حضرت جی دامت برکاتہم العالیہ نے خلقِ خدا کی رہنمائی جہاں دعوتی و اصلاحی پہلو سے کی، آپ نے ان مصروفیات کے علاوہ دیگر پہلوؤں سے بھی خلق خدا کو فائدہ پہنچایا ہے، آپ درجنوں مدارس و جامعات کے سرپرست و نگراں ہیں، اور پوری احساس ذمہ داری کے ساتھ خالصتاً لوجہ اللہ ان کی نگرانی و سرپرستی فرماتے ہیں، ان میں سے چند درج ذیل ہیں،

(۱) دارالعلوم جھنگ: یہ گلشن (دارالعلوم) جو حضرت جی کے لگائے ہوئے ہیں، اس میں شعبہ حفظ اور درس نظامی کے ساتھ ساتھ دارالافتا کا شعبہ بھی سرگرم عمل ہے، حضرت جی کی دلی آرزو ہے کہ دارالعلوم جھنگ بھی دارالعلوم دیوبند کے طرز پر کام کرے، اور یہاں کا ہر تعلیم یافتہ دینی و علمی، روحانی و عرفانی ہر لحاظ سے درخشندہ تابندہ منارۂ نور بنے۔

(۲) معہد الفقیر الاسلامی جھنگ: یہ ادارہ تعلیم و تربیت کے حوالے سے مثالی ادارہ ہے، تعمیر بھی مثالی اور دلکش ہے، اس میں بھی درس نظامی، تخصص فی الفقہ اور دارالافتاء باضابطہ قائم ہے، نیز یہ کہ اس کی مسجد زینب میں اعتکاف کا خصوصی بندوبست بھی ہے، ان کے علاوہ جامعہ زینب لاہور، جامعہ احیاء العلوم کراچی، آس اکیڈمی لاہور، جامعہ عائشہ

اکیڈمی لاہور کے علاوہ درجنوں مدارس آپ کے زیر سرپرستی ہیں۔

معمولات یومیہ:

حضرت جی دامت برکاتہم العالیہ فرماتے ہیں کہ "میرے لیے دن رات کا فرق ختم ہو گیا ہے" نیز حضرت جی ہی فرماتے ہیں کہ "میرا وقت بالکل بھی ضائع نہیں ہوتا" ان دونوں اقوال سے بخوبی بات واضح ہو جاتی ہے کہ حضرت جی کس قدر جہد مسلسل اور مصروف ترین شخصیت ہیں، اولا تو دن رات کا کوئی فرق نہیں، ثانیاً یہ کہ کوئی وقت بھی بیکار نہیں جاتا، حضر میں بالعموم معمولات کچھ اس طرح ہیں کہ اشراق کے بعد سونے کا معمول، تین گھنٹہ تقریباً سونے کے بعد ۱۱ بجے اٹھ جاتے ہیں، اور ناشتہ کرتے ہیں، ظہر کے بعد معہد الفقیر کے متعلق میٹنگ ہوتی ہے، بعد عصر تفریح، بعد مغرب ملاقات و مطالعہ، بعد عشاء طلبہ افتاو دورہ حدیث شریف کی تربیت، بعدہٗ تا فجر مطالعہ و کتب بینی اور ذکر مراقبہ میں مشغول رہتے ہیں، آپ اپنے اسباق و معمولات کے پابند ہیں، لایعنی کاموں اور بحثوں سے مکمل اجتناب کرتے ہیں، جس سے وقت میں بہت ہی برکت ہوتی ہے، اور دعوت و اصلاح کے متعلق فکر مند اور درد مند رہتے ہیں۔

تصنیف و تالیف:

حضرت جی نے تصنیف و تالیف کے ذریعے بھی دینی خدمات انجام دی ہیں، اور بحمد للہ آپ کی کتابیں بہت مقبول و مفید ہوتی ہیں، کیونکہ آپ کتابوں کو مکمل خشوع و خضوع کے ساتھ لکھتے ہیں، حتیٰ کہ بعض دفعہ کتابوں کو لکھنے کے لیے آپ اس بات کا انتظار کرتے ہیں کہ مکمل یکسوئی و خلوص نیت حاصل ہو جائے، مزید یہ کہ اس میں باطنی طور پر روحانی توجہ بھی ڈالنے کی کوشش کرتے ہیں، جس سے کتاب اثر انگیزی میں دوچند ہو جاتی ہے، بعض تصانیف درج ذیل ہیں،

(۱) حیات حبیب۔ اس کو حضرت جی نے اپنے پیر و مرشد پیر غلام حبیب رحمت اللہ علیہ کے سوانح حیات پر لکھی ہے، پوری کتاب با وضو تہجد و اشراق کے درمیان والے وقت میں لکھی ہیں، یہ کتاب ۱۷ ابواب پر مشتمل ہے، اس میں بر محل اشعار کے استعمال کی وجہ سے حضرت جی کا ذوق ادب کا بھی کا اندازہ لگایا جاسکتا ہے،

(۲) با ادب بانصیب۔ یہ کتاب ادب آموزی میں طاق ہے، چونکہ دین اسلام میں ہر جگہ ادب شناسی کی تعلیم دی گئی ہے، اور زندگی کی ہر راہ پر ادب کی ضرورت پڑتی ہے، لہذا اس کتاب کا مطالعہ بیش بہا فوائد کا ضامن ہے،

(۳) مجالس فقیر۔ یہ حضرت جی کی دعوتی، تربیتی، اصلاحی اور روحانی مجالس کا گراں قدر مجموعہ ہے، جو تقریباً ۱۰ جلدوں میں شائع ہو چکی ہے، اس میں عجیب و غریب نکات و معارف بیان ہوئے ہیں۔

نامور خلفاءِ عظام:

حضرت جی کے قابلیت و علمیت اور صالحیت و صلاحیت کے لیے یہ بات کافی ہے کہ اپ کے حلقہ خلفاء میں مشہور زمانہ اہل علم شامل ہے ان میں محدث، مفسر، متکلم، فقیہ، مفکر، قلم کار، ڈاکٹر اور انجینئر سب شامل ہیں، مزید یہ کہ آپ کے دست گرفتوں میں حضرت مولانا خلیل الرحمن سجاد نعمانی جیسا مفکرِ قوم وملت، اور ڈاکٹر تقی الدین ندوی جیسا شہرۂ آفاق محدث شامل ہیں، چند مشہور زمانہ شخصیات جن کو حضرت جسے بیعت و ارادت کا تعلق ہے درج ذیل ہیں:

مفتی سلمان بجنوری محدث دار العلوم دیوبند،

مفتی ابولبابہ شاہ منصور، پیر سیف اللہ نقشبندی

حضرت مولانا سیف الرحمن درخواستی،

حضرت مولانا خلیل الرحمن انوری، شیخ الحدیث مولانا حبیب اللہ مد ظلہ،

ڈاکٹر حماد طفیل مد ظلہ (طائف)

مولانا محمد ایوب سورتی (انگلینڈ)

حضرت مولانا محمد قاسم منصور (اسلام اباد)

حضرت مولانا سید کاشف کریم مد ظلہ (ریاض) وغیرہ وغیرہ۔

اللہ تعالی سے دعا ہے کہ حضرت جی کا فیض چار دانگ عالم میں پہنچے، اور ان کی نسبت وصحبت سے دین کی خوب ترقی و ترویج ہو۔ آمین

***

حضرت مولانا محمد رابع حسنی ندویؒ: تذکرہ مرشد الامت کا

عبد الرحیم ندوی

نورانی چہرہ، گوری چٹی رنگت چہرہ پر سفید براق لمبی داڑھی، متوسط گول سر، سر پر ہلکے بال اس پر کھڑی دیوار شیر وانی ٹوپی، چمکتی پیشانی آنکھوں پر سنہری عینک. عینک کے اوٹ سے جھانکتی دور بیں آنکھیں، ناک پر عینک کے نشان، میانہ قد، ہلکا کشادہ دہن، ترشی ہوئی لب بھر باریک مونچھیں، ابرو پر معمولی بال، ہونٹوں پر ہلکی مسکراہٹ، سر پر سفید رومال، رومال کے نیچے ٹوپی ہاتھ میں عصا، کلائی پر چست بندھی گھڑی بھرا بھرا بدن، نرم گداز روئی کے گالوں کی مانند ہتھیلی، بھری بھری پر گوشت پنڈلیاں، بغیر کالر کے سفید بنگلہ کرتا سردیوں میں رنگین اونی کرتا یا سفید کرتے پر اونی کرتا ہمہ وقت صدری، خاص موقعوں پر شیر وانی زیب تن کئے ہوئے متواضع و منکسر المزاج، سادگی پسند مسلم پرسنل لا کے چوتھے صدر ندوہ میں حسنی خاندان کے چوتھے ناظم، رابطۂ عالم اسلامی کے رکن تاسیسی، رابطۂ ادب اسلامی کے صدر، نصف صدی سے زائد سفر و حضر میں مفکر اسلام حضرت مولانا علی میاں کے ساتھ رہنے والے، انکے علمی و انتظامی کاموں میں شریک وسہیم، اخیر دور میں ملت اسلامیہ ہندیہ کی آبرو، مرشد الامت کا لقب پانے والے، راہ سلوک کے رہرو، شیخ کامل. ہر محفل کے صدر نشیں اعتدال وتوازن کا مجسم نمونہ، ہندوستان کی متفق علیہ شخصیت، مسائل کا حل حکمت و تدبر سے کرنے والے اختلاف

ومخالفت کا فرق ملحوظ رکھنے والے، ۲۳ سال تک ندوہ کی نظامت کے اہم عہدہ پر فائزرہ کر سادگی کی مثال قائم رکھنے والے. ماہر نفسیات، تعلیم وتربیت میں ید طولی رکھنے والے، تصنیف وتالیف کے میدان میں "رہبر انسانیت،" قرآن رہبر کامل" سماج کی تعلیم و تربیت،" جزیرۃ العرب" منثورات" اور الادب العربی جیسی اہم ومقبول تصنیفات کے مصنف ـــ" تعمیر حیات "والرائد" کے بانی ومستقل کالم نگار. ، خانوادہ علم اللہی بلکہ ہندوستان کی بزرگ ترین شخصیت دنیا کی انتہائی بااثر مسلم شخصیات میں شامل، درجنوں ممالک کا سفر کرنے والے انگنت اوصاف حمیدہ کے حامل، اس دور انحطاط میں بے مثال شخصیت کے مالک، اللہ نے حضرت مولانا علی میاں رح کی جانشینی کے بعد ایسی مقبولیت عطا کی کہ آپ کا کوئی ثانی نہ رہا اگر یہ کہا جائے کہ آپ حضرت مولانا علی میاں صاحب رحمہ اللہ کی شخصیت کا امتداد تھے تو مبالغہ نہ ہوگا۔

قارئین یہ تھے ہمارے مرشد الامت حضرت مولانا سید محمد رابع حسنی ندوی:

جو ۲۱ رمضان المبارک ۱۴۴۵. مطابق ۱۴ اپریل ۲۰۲۳.(۳:۳۰pm) کو ہم سے رخصت ہوگئے۔ آپ کے انتقال سے امت مسلمہ ہندیہ کے سر سے ایک گھنیرا سایہ اٹھ گیا، پرسنل لابورڈ متفق علیہ صدر سے اور ندوۃ العلماء اپنے ناظم باتدبیر سے محروم ہو گیا اور بے شمار تحریکوں اور تنظیموں نے ایک قائد اور مدبر کو کھو دیا، گویا ایک شخص نہیں بلکہ ایک جہاں ہم سے رخصت ہو گیا ہو۔ سچ ہی کہا گیا ہے "موت العالم موت العالم" کہ آپ کے جانے سے ندوہ کی نظامت "مسلم پرسنل لابورڈ" کی صدارت دار عرفات، رابطۂ عالم اسلامی، رابطۂ ادب اسلامی، تحریکِ پیام انسانیت اور نہ جانے اس طرح کے بے شمار منصب خالی ہو گئے۔

حضرت مولانا سید محمد رابع حسنی ندوی رح ۲۹ اکتوبر ۱۹۲۶ مطابق ۲۵ جمادی الثانی

۱۳۴۸ میں خانوادۂ علم اللہ میں پیدا ہوئے، یہ قطبی سادات کا خاندان سن ۱۲۱۰..ء میں ہندوستان آیا، پھر کڑا مانک پور ضلع پر تاب گڑھ اور وہاں سے نصیر آباد رائے بریلی میں آباد ہوا اور پھر خاندان کے ایک بڑے بزرگ شاہ علم اللہ ایک اللہ والے مجذوب کے اشارہ پر رائے بریلی میں "سئی ندی" کے کنارہ آکر فروکش ہوئے، آگے چل کر یہ جگہ "تکیہ کلاں"" یا دائرہ شاہ علم اللہ" کے نام سے جانی گئی، اس علمی خانوادہ میں ایک سے بڑھ کر ایک آفتاب وماہتاب نے جنم لیا" ایں خانہ ہمہ آفتاب ست" کا سچا مصداق ہے۔ یہ خاندان مجاہد آزادی سید احمد شہید رحمہ اللہ سے لیکر مولانا علی میاں ندوی (رحمہ اللہ) پھر حضرت مولانا سید محمد رابع حسنی ندوی رح تک کتنے لعل و گہر اس خانو دہ سے نکلے اور دنیا کی دینی وملی رہنمائی کی، شمار مشکل ہے۔ مصنفین ومؤلفین کی گنتی نہیں ہے،، تاریخ، ادب، سیرت، سوانح، نصاب کوئی کوچہ ایسا نہیں جس میں اس خانوادہ کے افراد کی لمبی قطار نہ نظر آتی ہو۔

اسی علمی وروحانی خانوادہ کی ایک ممتاز دینی، علمی اور ملی شخصیت حضرت مولانا سید محمد رابع حسنی ندوی (رحمہ اللہ) کی بھی تھی آپ کے دادا کو محمد نام اتنا پسند تھا کہ ہر بچے کا نام محمد رکھا، یا اسکے نام میں محمد رکھا. چنانچہ آپ کا نام بھی محمد رکھا گیا اور امتیاز کے لئے عربی عدد لگا دیا گیا آپ اپنے بھائیوں میں چوتھے نمبر کے تھے اس ئے آپ کے نام کے ساتھ رابع لگایا گیا چونکہ یہ خانوادہ چندے آفتاب وچندے ماہتاب ہے ہندستان میں دینی پیشوائی ورہنمائی وراثت میں چلی آرہی ہے اسلئے فطری طور پر ہر بچے کی تعلیم وتربیت دینی ہوتی ہے مولانا کے دونوں ماموں یعنی ڈاکٹر سید عبد العلی حسنی اور مولانا ابوالحسن علی حسنی ندوی رحمہم اللہ اور خود نانی صاحبہ (والدہ ماجدہ مولانا علی میاں) دینی تعلیم وتربیت پر زور دیتی تھیں لہذا آپ کے لئے بھی دینی تعلیم کا نظم کیا گیا، گھریلو تعلیم کے بعد ندوہ جس میں

آپ کے نانا حضرت مولانا حکیم عبد الحی حسنی صاحب بانیوں میں تھے پھر ماموں ڈاکٹر عبد العلی حسنی صاحب کے زمانہ سے تو ابتک نظامت چلی آرہی ہے گویا ندوہ گھر کی چیز تھی لیکن آپ کی تعلیم مدرسہ کے نظام سے ہٹ کر شخصی زیادہ رہی درجہ اور مدت سے ہٹ کر استاذ اور کتاب کی بنیاد پر ہوئی. چنانچہ ندوہ اور دیوبند دونوں جگہوں سے آپ نے فاضل اساتذہ سے استفادہ کیا اور بھرپور کیا، لیکن آپ کی شخصیت کی تشکیل میں گھریلو ماحول کے بعد، سب سے زیادہ حصہ بلکہ مکمل حصہ مفکر اسلام حضرت مولانا سید ابو الحسن علی ندوی رحمہ اللہ کا ہے. آپ کی شخصیت کی تشکیل مفکر اسلام حضرت مولانا سید ابو الحسن علی ندوی رحمہ اللہ نے اپنے خاص انداز سے کی تھی اور خوب کی تھی اخیر دور میں تو مولانا کی جانشینی کے بعد ایسا لگتا تھا کہ مولانا علی میاں صاحب کی شخصیت قلبا و قالبا ہر طرح سے آپ کی شخصیت میں حلول کر گئی ہے پہلی نظر میں دھوکا سا ہونے لگا تھا، آپ پر حضرت مولانا علی میاں کا گمان ہونے لگا تھا۔

حضرت نے بارہا یہ واقعہ سنایا کہ ماموں جان کا انداز تربیت بہت نرالا تھا وہ غلطی پر تنبیہ کو کافی نہیں سمجھتے تھے بلکہ اس کو ذہن نشیں کرانا ضروری سمجھتے تھے اس لئے وہ غلطی پر اتنی تذلیل کرتے، عار دلاتے اور خود ایسا انداز اپناتے کہ سامنے والا پریشان ہو جاتا، رونے لگتا اور یہ عزم کرنے پر مجبور ہو جاتا کہ اب اس سے یہ غلطی سرزد نہیں ہو گی ، مولانا فرماتے تھے کہ جب میں " دیوان حماسہ " پڑھنے لگا تو ماموں جان نے اپنی،، منجد،، مجھ کو دے دی اور کہا اب سبق تیار کر کے لانا ہے میں انتھک کوشش کرتا اور کسی طرح سے سبق تیار کر کے لاتا پھر اگر ایک غلطی بھی آجاتی کسی کلمہ کی ایک شکل اگر گزر چکی ہوتی اور دوسری شکل کے پہچاننے میں دشواری ہوتی تو پھر اتنا چیں بجیں ہوتے اتنا ڈانٹتے کہ رونا آجاتا فرماتے تھے کہ میں نے جو حماسہ پڑھی ہے شاید کوئی صفحہ ایسا ہو جس پر

میرے آنسو نہ بہے ہوں اس طرح تربیت کی سخت بھٹی میں تپا تپا کر آپ کو کندن بنایا گیا تھا پھر یہ سونا اتنا کھرا بن کر سامنے آیا کہ پوری ملت ہندیہ کی رہنمائی کا فریضہ انجام دیا انتظام انصرام میں یکتا قرار پایا مدبر ملت اور مرشد الامۃ جیسے خطابات سے نوازا گیا، اپنی دور رسی اور فہم وفراست سے ملت کی بڑی خدمت انجام دی۔

مولانا نے دینی علمی اور قائدانہ کردار ادا کرنے والے گھرانے میں آنکھ کھولی تھی اور قدرت نے آپ کو بڑے بڑے لوگوں سے استفادہ کا خوب موقع عطا کیا جس سے آپ کی شخصیت بہت پختہ اور تجربہ کار ہوگئی اور حضرت مولانا علی میاں صاحب ندوہ کے ناظم اور آپ کے نا صرف ماموں تھے بلکہ آپ کے استاد، شیخ، مربی، معلم سب کچھ تھے، آپ پر ان کو سو فیصد اعتماد تھا اس لئے ان کے دور نظامت ہی سے آپ ندوہ کی اہم ترین شخصیت تھے انتظامی امور آپ کی رائے سے فیصل ہوتے اس طرح آپ کو ندوہ کی خدمت کا موقع بہت لمبے عرصے تک ملا اور آپ نے اپنی دور رسی اور حسن تدبیر سے ندوہ کی بہتر خدمت انجام دی۔ آپ کے دور میں ندوہ نے علمی، تعمیری اور دینی لحاظ سے بہت ترقی کی، ۱۹۴۹ء میں ایک معاون مدرس کی حیثیت سے آپ کا سفر ندوہ میں شروع ہوا اور ادیب دوم، ادیب اول (۱۹۵۵ء)، عمید کلیۃ اللغۃ العربیہ (۱۹۷۰ء)، مہتمم (۱۹۹۳ء)، نائب ناظم (۱۹۹۸ء)، پھر ناظم (۲۰۰۰ء) پر ختم ہوا۔

۷۳ سال کے عرصے پر محیط اس طویل سفر میں آپ نے ندوہ کی چو طرفہ ترقی کا سامان کیا، تعمیرات میں ڈاکٹر عبد العلی حسنی ہاسپٹل، جدید درسگاہ، رواق ابوالحسن، مسجد کی دوسری منزل اور بڑے پیمانہ پر موجودہ توسیع، رواق سلیمانی کی تکمیل، رواق حبیب اور رواق مولانا محمد علی مونگیری، اسکے علاوہ معہد دارالعلوم کا دوسرے کیمپس سکروری میں منتقل ہونا اور وہاں کی تعمیرات آپ ہی کے دور نظامت کی یادگار ہیں اسی طرح مہیت مئو،

اور بلوچ پورہ میں بھی کئی تعمیری کام ہوئے، نصاب پر خاص توجہ دی، اساتذہ کا بھی اچھا خاصا تقرر آپ کے دور میں ہوا۔

آپ ایک معلم و مربی، جغرافیہ داں، تاریخ سے واقف، عربی ادب کے ماہر اور جہاں دیدہ ہونے کے ساتھ ماہر نفسیات بھی تھے وہ قوموں کی، افراد کی، جماعتوں اور انسانوں کی نفسیات سے اچھی طرح واقف تھے اس لیے کبھی کسی سے مرعوب نہیں ہوتے، دھوکہ نہیں کھاتے اور فیصلہ کرنے میں بہت ہی اعتدال اور توازن قائم رکھتے، وہ طلباء واساتذہ کی نفسیات سے اچھی طرح واقف تھے اس لئے ان سے نہ کوئی بیجا امید قائم کرتے اور نہ ہی ان کی کسی غلطی پر ضرورت سے زیادہ غصہ ہوتے، نہ اس پر کوئی کاروائی کرتے بلکہ اعتدال آپ کا شیوہ تھا حتی الامکان اصلاحی تدبیر کے ساتھ تسامح آپ کی فطرت تھی۔

مختلف طبقات انسانی کی نفسیات اور فطرت سے واقفیت بہت فائدہ دیتی ہے جو لوگ اس سے واقف نہیں ہوتے وہ کسی کے ایک پہلو کو دیکھ کر متأثر ہو جاتے ہیں اور ان کو معصوم جیسا سمجھنے لگتے ہیں پھر جب ان سے کوئی غلطی سرزد ہو جاتی ہے تو بہت مایوس ہو جاتے ہیں اور بدظن ہو کر یا تو ان سے دوری بنا لیتے ہیں یا خود اسی کو دور کر دیتے ہیں لیکن ہمارے مرشد امت حضرت مولانا سید محمد رابع حسنی ندوی صاحب بہت اچھی طرح جانتے تھے کہ انسان کی فطرت کیا ہے طلباء اور اساتذہ یا عوام الناس، تحریکات اور جماعتوں کے عہدے داران کی نفسیات کیا ہوتی ہے اور وہ کس حد تک جا سکتے ہیں اس لئے ان کے ساتھ جب کوئی واقعہ پیش آجاتا تو بہت متعجب نہ ہوتے کیونکہ وہ ضرورت سے زیادہ کسی کو نہ پارسا سمجھتے اور نہ زیادہ توقع قائم کرتے اس صفت نے ان کو ہمیشہ اعتدال پر قائم رکھا اور یہی ندوہ کی ہمیشہ خصوصیات رہی ہیں ندوہ کو ہمیشہ ایسے ذمہ داران میسر آتے گئے جو کتابی

علوم کے ساتھ انسانوں کو پڑھنے کا ہنر بھی جانتے تھے مردم شناس رہے مردم شناسی بھی ایک ذمہ دار کے لئے بڑی دولت ہے خود حدیث میں آیا ہے:

عن أبي سعيد الخدري وأبي هريرة رضي الله عنهما مرفوعاً: "ما بعث الله من نبي ولا اسْتَخْلَفَ من خليفة إلا كانت له بطانتان: بطانة تأمره بالمعروف وتَحُضُّهُ عليه، وبطانة تأمره بالشر وتَحُضُّهُ عليه، والمعصوم من عصم الله". [صحيح]-[رواه البخاري]

جس ذمہ دار کو یہ صفت حاصل ہوتی ہے وہ اپنے ارد گرد رہنے والوں سے فائدہ بھی اٹھالیتا ہے اوبطانۃ السوء کی خرابی سے بچ بھی جاتا ہے، یہ دولت حضرت مولانا سید محمد رابع صاحب کو بدرجۂ اتم حاصل تھی۔

میں جب ندوہ میں داخل ہوا تو حضرت مولانا سید محمد رابع حسنی ندوی صاحب اور مولانا واضح رشید حسنی ندوی صاحب دونوں کو ساتھ ساتھ دیکھا، رکشہ سے دونوں بھائی تشریف لاتے، پیدل درجات آتے جاتے، عام اساتذہ کی طرح تھے، عام لوگوں کی طرح بود و باش تھی، اکثر دونوں کے ہاتھ میں بیگ ہوتا تھا، ایک زمانہ تک ہم دونوں میں فرق نہیں کرپاتے تھے، ہمیں دونوں کی شکل و صورت یکساں نظر آتی تھی، جب کہ دونوں میں واضح فرق تھا، لیکں یہ فرق میں اس وقت تک محسوس نہ کر سکا تھ جب تک قریب سے دیکھنے کا موقع نہ ملا۔

ہم چھوٹے طلباء معہد القرآن میں رہتے اور دور ہی سے مشاہدہ کرتے تھے، ہماری نماز بھی ہاسٹل میں ہی ہوتی تھی، کبھی کبھار مسجد بھاگ کر آجاتے اور ان بزرگوں پر بھی نظر پڑجایا کرتی تھی، اکثر ان کی نماز مہمان خانہ کی جانب صف کے کنارے ادا ہوتی تھی، مولانا علی میاں صاحب رحمہ اللہ کا مصلی مہمان خانہ کی طرف سے پہلی صف میں پہلی کھڑکی کے سامنے بچھا رہتا تھا اور اذان ہوتے ہی حضرت مسجد کا رخ کرلیتے تھے اور پورے

خشوع و خضوع کے ساتھ سنت پڑھتے لیکن ان حضرات (مولانا محمد رابع حسنی ندوی ومولانا واضح رشید ندوی) کی کوئی متعین جگہ نہ ہوتی، جہاں پہونچ جاتے وہیں نماز ادا کر لیتے تھے۔

مولانا سید محمد رابع حسنی ندوی رحمہ اللہ سے میں نے ادب عربی رابعہ میں پڑھی ہے، مولانا کلیۃ اللغۃ کے ہال (جو اس وقت جدید ٹیکنالوجی سے آراستہ مولانا حیدر حسن خاں ٹونکی کے نام سے موسوم ہے) میں عالیہ رابعہ کے تمام سیکشن کو ایک ساتھ پڑھاتے تھے، اور چونکہ خود مصنف تھے موضوع پر پورا عبور تھا، اس لیے کتاب کم اور موضوع زیادہ پڑھاتے تھے ہمیں یاد ہے، پہلے دن عناصر ادب کو سمجھانے کے لیے چائے کی مثال دی، کہ چائے میں دودھ، چائے پتی، چینی اور اسکو پکانا جس طرح ان اجزاء کے حسن توازن سے اچھی چائے تیار ہوتی ہے، اسی طرح عناصر ادب (عاطفہ، خیال فکرہ اور صورت لفظیہ) کے توازن سے ادب میں جان آتی ہے اور ان کے توازن کے فقدان سے ادب کی روح پامال ہو جاتی ہے، کسی ایک کی زیادتی سے ادب کیسے متأثر ہوتا ہے، اس مثال سے آپ سال بھر تک کام لیتے رہے۔

۳۱دسمبر ۱۹۹۹ء میں حضرت مولانا علی میاں صاحب کا انتقال ہو گیا، اور آپ ناظم مقرر ہو گئے تو ہم نے آپ سے بھی احادیث کی اجازت لی، اس سے پہلے ترمذی شریف کی سند مولانا علی میاں صاحب سے لے چکے تھے، مولانا محب اللہ لاری ندوی صاحب کے انتقال پر استاد محترم حضرت مولانا سید محمد رابع حسنی ندوی صاحب کو دارالعلوم کا مہتمم بنایا گیا اس وقت استاد محترم کی اصل انتظامی صلاحیت دیکھنے میں آئی اور آپ نے اس عہدہ پر رہ کر مادر علمی کی بہترین اور مثالی خدمت انجام دی۔

میں جب ناظم جمعیۃ الاصلاح بنا تو مہمان خانہ میں استاذ گرامی مولانا شمس الحق

صاحب ندوی سے جو مربی الإصلاح ہوا کرتے تھے درخواست پر سفارش کرالیتا اور وہیں پر حضرت مہتمم صاحب یعنی حضرت مولانا رابع صاحب سے دستخط کرالیتا، بس وہ کام ہو جاتا تھا، لیکن بعد میں جب حضرت، ناظم ہو گئے تو معلوم ہوا کہ مہتمم دارالعلوم ندوۃ العلماء آرڈر نہیں کرتا بلکہ وہ نظامت میں سفارش کے ساتھ درخواست کو بھیجتا ہے، یہ فرق ہم نے حضرت مولانا رابع صاحب کے دور اہتمام میں نہ جانا تھا، اس لیے کہ آپ بیک وقت نائب ناظم اور مہتمم دونوں تھے۔

حضرت فرماتے تھے کہ جب میں ندوہ میں مدرس ہوا تو بڑی کڑی محنت کی، احمد امین کی فجر الاسلام، ضحی الإسلام کا مطالعہ شروع کیا اور ایک دن میں سو صفحات پڑھنے کا ہدف متعین کیا، چنانچہ صبح سے شام تک محنت کرتا تب جاکر یہ ہدف مکمل کر پاتا، میری صحت بھی متاثر ہو گئی گھر والے منع بھی کرتے، لیکن میں سب سے یکسو ہو کر بس پڑھنے میں لگا رہتا تھا، اس سلسلہ کے مطالعہ سے مجھے بہت فائدہ پہونچا، زبان وأدب کا بھی فائدہ ہوا اور معلومات کا بھی، اور اس کا فائدہ آج تک محسوس کرتا ہوں۔

راقم کو حضرت مولانا سے بیعت وارشاد کا بھی تعلق حاصل تھا، رمضان کا مہینہ تھا میں عرصہ سے سوچ رہا تھا، کسی کے ہاتھ پر بیعت کروں دل کا میلان کسی کی طرف نہیں ہوتا تھا کبھی مولانا عبد اللہ حسنی ندوی صاحب کی طرف دل کھنچتا تو کبھی خود حضرت کی طرف اسی کشمکش میں مولانا عبد اللہ حسنی ندوی صاحب اللہ کو پیارے ہو گئے (وفات ۳۰/۱/۲۰۱۳)۔

سن ۲۰۱۳ کے رمضان میں یہ طے کیا کہ اس سال "تکیہ" جاکر بیعت کر ہی لونگا لیکن کوئی سبیل نہ بن سکی خدا کا کرنا یہ ہوا کہ رمضان المبارک میں حضرت خود ہی لکھنؤ تشریف لے آئے (شاید طبیعت کچھ خراب تھی)، ادھر میرے دل کی کیفیت عجیب ہو

رہی تھی، داعیہ زوروں پر تھا بس میں نے ڈرتے ڈرتے ۲۱ جولائی ۲۰۱۳ مطابق ۱۱ رمضان المبارک کو مولانا کے خادم مولوی سحبان ثاقب صاحب ندوی بھٹکلی سے عرض کیا کہ میں مولانا کے ہاتھ پر بیعت ہونا چاہتا ہوں انھوں نے کہا کہ مہمان خانہ آجائیں، میں اس وادی سے بالکل نابلد گھبرایا، سہما ہوا مہمان خانہ عصر کی نماز کے بعد پہونچا حضرت اندر والے کمرہ میں تھے، ہاتھ بڑھایا میں نے آپ کے ہاتھ میں اپنا ہاتھ دیا، دل کی کیفیت بدلتی ہوئی محسوس ہوئی، حضرت نے بیعت کے کلمات کہلوائے۔ پھر فرمایا دراصل بیعت ایک عہد ہے، توبہ ہے، اس طرح توبہ کا عہد پختہ ہو جاتا ہے اور استاذ، شاگرد کا رشتہ قائم ہو جاتا ہے ورنہ بیعت کی کوئی ضرورت نہیں، پھر آپ نے پانچ اوراد کی تلقین فرمائی:

تیسرا کلمہ، لاالہ الااللہ، درود شریف، استغفار اللہ اللہ کا ورد۔۔۔

یہ سب اوراد سو سو مرتبہ سکون کے وقت میں پڑھنے کی ہدایت فرمائی۔ پھر فرمایا والدین کے لیے دعاء کیجئے، امت کے لیے دعاء کیجئے، چلتے چلتے فرمایا میرے لیے بھی دعاء کریں، اللہ تعالیٰ حضرت کی مغفرت فرمائے، جنت الفردوس میں اعلیٰ مقام عطا فرمائے۔ آمین

آج وہ ہمارے درمیان نہیں ہیں، لیکن انکی بتائی ہوئی باتیں، انکی زندگی کا اسوہ اور آپ کی تصنیفات، موجود ہیں جو ہر قدم پر ہماری رہنمائی کے لیے کافی ہیں

اللہ تعالیٰ ہمیں عمل کی توفیق عطا فرمائے آمین یارب العالمین

٭٭٭

حضرت مولانا عبد الرشید صاحب قاسمیؒ

: کچھ یادیں، کچھ باتیں

محمد منہاج عالم ندوی

جامعہ اسلامیہ مظفر پور اعظم گڑھ یوپی کے سابق استاذ و مہتمم حضرت مولانا عبد الرشید صاحب قاسمی نوراللہ مرقدہ جو آج ہی کے دن دو سال قبل مؤرخہ ۱۸/ دسمبر ۲۰۲۱ مطابق ۱۴/ جمادی الاولی ۱۴۴۳ھ بروز سنیچر بعد نماز مغرب اعظم گڑھ کے ایک اسپتال میں اپنی جان جان آفریں کے سپرد کرکے داعی اجل کو لبیک کہہ گئے اور اپنے تمام متعلقین و متوسلین، ہزاروں شاگردوں اور چاہنے والوں کو مغموم کر دیا، انا للہ وانا الیہ راجعون، آپ کی وفات نے مجھ پر بھی گہرا اثر چھوڑا، آپ کی شخصیت پر کئی بار قلم اٹھایا؛ مگر مصروفیات کی وجہ سے کچھ لکھا اور کچھ رہ گیا۔

میں نے جامعہ کی نوسالہ زندگی میں جو کچھ اپنی آنکھوں سے دیکھا اور آپ کو سمجھا اسے تحریری سانچے میں ڈھالنے کی کوشش کی ہے۔

آپ کی پیدائش یکم جنوری ۱۹۴۸ء اتر پردیش کے ضلع امبیڈکر نگر فیض آباد کے ایک گاؤں رسول پور منڈیرا میں جناب بخش اللہ صاحب کے گھر ہوئی، آپ کا گھرانہ دینداری، وفاشعاری، تقویٰ وپرہیزگاری میں مشہور ہے، مہمان نوازی اور عزت و شرافت اس کی پہچان رہی ہے، اسی خاندان کے مشہور اور عظیم چشم و چراغ عالم

باصفا، نیک دل انسان، اخوت و بھائی چارگی کے امین و پاسباں، بلند اخلاق کے حامل، بارعب وباوقار اور خدمت خلق کے جذبہ سے سرشار، خداترس اور خدارسیدہ، صاحب نسبت و بزرگ صفت، عالم دین حضرت مولانا عبد الرشید صاحب قاسمی نوراللہ مرقدہ ہیں، آپ نے تعلیمی زندگی کا آغاز گاؤں کے مکتب سے کیا،اس کے بعد اسکول کا رخ کیا، حساب، ہندی و دیگر مضامین پر عبور حاصل کرنے کے بعد، پھر مدرسہ کے جانب قدم رنجاں ہوئے اس کے لیے اولاً گیا صوبہ بہار کے ایک مدرسہ قاسمیہ کارخ کیا، ابتدائی دینی تعلیم کے بعد اپنے علاقہ کے مدرسہ کرامتیہ جلال پور کی طرف لوٹ آئے، اس کے بعد مدرسہ بدرالاسلام شاہ گنج آ گئے، اور علیا درجات کی کتابیں یہیں پر کبار علماء سے پڑھنے کے بعد دارالعلوم دیوبند کارخ کیا، جہاں دورہ حدیث شریف مکمل کیا، آپ نے جن اصحاب علم ودانش سے خوشہ چینی کی ان میں مولانا ضمیر احمد اعظمی صاحب، مولانا اسد اللہ صاحب، مولانا محمد عثمان صاحب، مولانا احمد صاحب جونپوریؒ اور مولانا فخر الدین صاحبؒ قابل ذکر ہیں آپ نے ۱۹۷۱ء مطابق ۱۳۹۱ھ میں سند فراغت حاصل کی، اس کے بعد درس وتدریس سے جڑ گئے، جس کی شروعات بنگلور سے کی؛ مگر کچھ مجبوریوں کی وجہ سے علاقہ کے ایک مدرسہ فیضان القرآن بلرام پور سے ملحق ہو گئے، اور طالبان علوم نبوت کے مشام جاں کو علم و عمل سے معطر کرنے لگے۔

جب حضرت مولانا ڈاکٹر تقی الدین صاحب ندوی مظاہری مدظلہ نے اگست ۱۹۸۹ء میں جامعہ اسلامیہ مظفرپور اعظم گڑھ کی بنیاد رکھی اور ۶/ شوال ۱۴۱۰ھ مطابق ۱۷/ مئی ۱۹۹۰ء کو باضابطہ تعلیم کا آغاز فرمایا تو آپ کو کسی اچھے باصلاحیت عالم دین کی ضرورت محسوس ہوئی جو جامعہ کے اہتمام کی ذمہ داری بحسن وخوبی انجام دے سکے، اسی اثناء آپ کی نظر حضرت مولانا عبدالرشید قاسمی صاحب پر پڑی، آپ نے اس ہیرے کو پہچان لیا

اور گلشن جامعہ کی رکھوالی و نگرانی کی عظیم ذمہ داری آپ کے مضبوط کاندھے پر رکھ دی جسے پوری امانت و دیانت اور حسن وخوبی کے ساتھ تادم حیات نبھایا اور ادارہ میں رنگ وروغن ڈالنے کا غیر معمولی کارنامہ انجام دیا جس کی خوشبو آج بھی جامعہ کے درو دیوار سے محسوس کی جاسکتی ہے۔ آپ کے اہتمام کا عرصہ تقریباً تین دہائیوں پر محیط ہے، آپ نے اپنے دور اہتمام میں جامعہ کو تعلیمی، تعمیری ترقی پہ پہونچانے میں اہم کردار ادا کیا، جامعہ اسلامیہ مظفر پور اعظم گڑھ یوپی کے مسند اہتمام پر جلوہ فگن ہونے پر بانی و سرپرست جامعہ کو بڑا اطمینان حاصل تھا اور وہ آپ کے کاموں سے بہت متاثر تھے، حضرت مہتمم صاحبؒ کی دل سے قدر کرتے تھے۔ اس بڑی ذمہ داری کے ساتھ ساتھ تدریس کا سلسلہ بھی آپ کے ساتھ لگا ہوا تھا، عربی اول میں آمد نامہ وفارسی اول آپ کے ذمہ تھا، پڑھانے کا انداز بھی بڑا انرالہ اور سمجھانے کا سلیقہ بھی بہت عمدہ تھا۔

حضرت مہتمم صاحب کی شخصیت ایک نمونہ اور آئیڈیل تھی، دنیاداری اور اس کی ریل پیل سے دور دور رہتے، چہرے کی خوبصورتی کے ساتھ ساتھ دل کے بھی بڑے پاکیزہ تھے، انداز ذرا تلخ مگر بہت شفیقانہ تھا، زبان شستہ، سمجھانے کا انداز بڑا خوبصورت اور جاذب تھا، جامعہ سے قریبِ مارکیٹ بندرا بازار میں عام طور پر نماز جمعہ ادا کرتے، جمعہ کی نماز سے قبل آپ کی تقریر ہوتی، آپ کا انداز تخاطب بڑا انرالہ اور دلوں کو موہ لینے والا ہوتا، بڑے ہی اطمینان سے ٹھہر ٹھہر کر تقریر فرماتے، عام مقرروں کی طرح گھن گرج کا مزاج نہیں تھا، آپ کی باتیں از دل خیزد بر دل ریزد کا شاہکار ہوتیں، ظاہر ہے آدمی جب دل سے کوئی بات کہتا ہے تو اللہ اس کے اندر اثر ڈال دیتا ہے علامہ اقبالؔ نے کہا تھا:

دل سے جو بات نکلتی ہے اثر رکھتی ہے
پَر نہیں، طاقتِ پرواز مگر رکھتی ہے

قُدسی الاصل ہے، رفعت پہ نظر رکھتی ہے
خاک سے اُٹھتی ہے، گردُوں پہ گزر رکھتی ہے

آپ کتاب وسنت کے پابند و متبع اور ذکر واذکار کے عادی تھے، عصر کی نماز کے لیے جاتے تو پھر مغرب پڑھ کر ہی واپس لوٹتے، عصر بعد کا وقت ان کے ذکر واذکار کے لیے مختص تھا، صوم وصلوٰۃ کے معاملہ میں کسی طرح سمجھوتہ نہیں کرتے، جامعہ کے اندر کسی طالب علم کی نماز چھوٹتی یا مسبوق ہوجاتے تو اس پر بڑا بگڑتے اور سخت ناراض ہوجاتے، اور سزا بھی دیتے، میرے دوران طالب علمی عام طور پر بعد نمازِ مغرب و فجر ہاسٹل کے نگراں حاضری لیا کرتے تھے؛ مگر جب کبھی کسی بھی نماز کے وقت مہتمم صاحب کو لگتا کہ آج نماز میں بچوں کی تعداد کم لگ رہی ہے تو نگراں سے حاضری کرواتے پھر جتنے طلبہ غیر حاضر پائے جاتے ان کو دفتر اہتمام بلاکر سخت تنبیہ کرتے اور سزا دیتے تھے، آپ کی سختی پر بسا اوقات طلبہ ناراض بھی ہوتے اور آپس میں چہ میگوئیاں بھی کرتے، مگر ظاہر ہے یہ سب اپنے فائدہ کے لئے نہیں؛ بلکہ ہم طلبہ کے مستقبل کو روشن و تابناک بنانے اور دنیا و آخرت کی کامیابی کے لیے ہوتا تھا، نماز کی پابندی پر توجہ دیتے اور طلباء جامعہ کو بھی اس کی پابندی کی تاکید کرتے، مجھے یاد نہیں کہ میں نے جامعہ کے اندر اپنی نوسالہ طالب علمانہ زندگی میں کبھی بھی ایسا پایا ہو کہ آپ مدرسہ میں موجود ہوں اور جماعت کے لیے مسجد تشریف نہ لے گئے ہوں، اسی طرح یہ کہ آپ کی جماعت تو کیا کبھی شاید آپ کی تکبیر اولیٰ بھی فوت ہوئی ہو۔ بسا اوقات آپ نماز کے بعد طلبہ سے خطاب کرتے اور پدرانہ شفقت کے ساتھ انہیں سمجھاتے ان کے ذہن و دماغ میں نماز اور اس کی اہمیت، جماعت کی پابندی کے فوائد کو بیٹھانے کی کوشش کرتے ہوئے اکثر فارسی کا یہ شعر پڑھا کرتے تھے:

روز محشر کہ جاں گداز بود

اولیں پرسش نماز بود

کہ قیامت کے سخت اور ہولناک دن میں جو کہ جان کو پگھلا دینے والا ہوگا اس روز سب سے پہلے نماز کی پوچھ ہوگی، اور اگر آج آپ اس کے پابند بن گئے زندگی بھر اس پر عمل پیرا ہونا آسان ہو جائے گا، اگر آج آپ کی عادت نہیں بن سکی تو پھر آئندہ اس کا التزام بہت مشکل ہوگا، اسی طرح آپ طلبہ جامعہ سے خطاب کرتے ہوئے کہتے: "آپ حضرات یہاں کچھ بننے اور سیکھنے کے لیے آئے ہیں یہاں کی چہار دیواری اور عمارتیں سب آپ کے لیے ہیں، یہاں کے خوبصورت کمرے اور درسگاہیں آپ کے لیے سجائی گئی ہیں، آپ خود اس کے محافظ و نگراں ہیں، اس لیے ان چیزوں سے فائدہ اٹھا کر خود کو زیور علم عمل سے آراستہ کرلیجئے، کچھ بن کر جائیے اپنے اوقات کی پابندی کیجیے، درسگاہ کی پابندی کو لازم سمجھئے، ادھر ادھر گھومنے پھرنے اور اپنے اوقات کو برباد کرنے سے پرہیز کیجئے، بازاروں کی بھیڑ بھاڑ سے بچئے اور بلاضرورت بازاروں کی زینت مت بنئے، بہت ضروری کام ہو تو جایئے؛ مگر ضروری کاموں کی انجام دہی کے بعد جلد مدرسہ لوٹ آیئے اور وقت کو غنیمت جان کر استعمال میں لایئے؛ تاکہ بعد میں چل کر آپ کو پشیماں نہ ہونا پڑے اور جب آپ یہاں سے لوٹیں تو آپ کے اعمال اور اخلاق و کردار کو دیکھ کر لوگ یہ سمجھیں کہ آپ نے جس مدرسہ میں تعلیم حاصل کی ہے؛ وہاں تعلیم کے ساتھ ساتھ تربیت کا مزاج ہے اور اس پر کافی توجہ دی جاتی ہے جس سے نہ صرف آپ کی اہمیت لوگوں کے لئے دلوں میں راسخ ہوگی بلکہ آپ کے والدین اور گھر خاندان کے ساتھ ساتھ آپ کے مدرسہ اور اساتذہ کی بھی نیک نامی ہوگی"۔

اسی طرح آپ کہتے تھے کہ: "آپ لوگ دور دراز علاقوں سے گھر

بار، اعزاء، اقرباء اور رشتہ داروں کو چھوڑ کر یہاں آئے ہیں، اور جس مدرسہ کا انتخاب کیا ہے اس کی ہر چیز اساتذہ و معلمین، کتابیں، درسگاہیں حتیٰ کہ درودیوار سے محبت اور اس کی حفاظت وصیانت کو لازم سمجھئے اور آپ بانی جامعہ حضرت مولانا ڈاکٹر تقی الدین صاحب ندوی مظاہری مدظلہ العالی کے اس قول کو بھی برابر دہراتے کہ "مدرسہ کشتی نوح کی مانند ہے، اس لیے اس سفینہ کی نگہبانی آپ کی بڑی ذمہ داری ہے، آپ یہاں کے مکیں ہیں جب تک یہاں ہیں اپنے مکان کی پوری حفاظت کیجئے، جب تک آپ اس کی دیکھ بھال اور حفاظت کریں گے تو خود بھی محفوظ رہیں گے اور مدرسہ بھی محفوظ رہے گا" آپ اپنے مقصد کو سامنے رکھئے اور خود کا محاسبہ بھی کیجیے اور اپنا نظام الاوقات بنالیجئے کہ فلاں وقت میں فلاں کام اور فلاں کتابیں پڑھنی ہے جس سے آپ کے وقت میں کافی برکت ہوگی، آپ اپنا سارا وقت پڑھنے میں لگایئے جب خود کو پڑھنے میں لگادیں گے تو پھر آپ کے پاس وقت ہی نہیں بچے گا کہ لایعنی چیزوں میں لگیں اور ادھر ادھر کی چیزوں میں لگ کر وقت کو برباد کریں گے اور خاموشی کے ساتھ اپنی محنتوں کو جاری رکھئے کہ کامیابی شور مچادے اور بارہا یہ شعر بھی دہراتے:

مکتب عشق کے انداز نرالے دیکھے

اس کو چھٹی نہ ملی جس نے سبق یاد کیا

وفات سے قبل بیمار رہنے لگے تھے، کمزوری اور ضعف کی وجہ سے لاٹھی (عصا) کا سہارا لینے پر مجبور تھے، مسلسل دوائیاں چل رہی تھیں، صحت کے اندر اتار چڑھاؤ لگا رہتا؛ بالآخر وقت موعود آپہونچا، جس سے کسی کو رستگاری نہیں، موت کا تلخ جام ہر ایک کو پینا ہے، بس فرق صرف اتنا ہے آج ان کی کل ہماری باری ہے، بلکہ بقول شاعر مرزا شوق لکھنویؔ:

موت سے کس کو رستگاری ہے

آج وہ کل ہماری باری ہے

اللہ حضرت مہتمم صاحب کی مغفرت فرمائے اور جنت الفردوس میں اعلی سے اعلی مقام نصیب فرمائے ان کے وارثین و پسماندگان کو صبر جمیل عطاء فرمائے، آمین یارب العالمین۔

***

ڈاکٹر عبدالعزیز سلفی

مفتی محمد ثناء الہدیٰ قاسمی

جمعیت اہل حدیث ہند کے نائب امیر، دارالعلوم احمدیہ سلفیہ در بھنگہ کے ناظم اعلیٰ، سلفیہ ہائی اسکول، سلفیہ یونانی میڈیکل کالج، ملت شفاخانہ امام باڑی در بھنگہ کے منتظم وسکریٹری، شفیع مسلم ہائی اسکول کی مجلس منتظمہ اور دار العلوم ندوۃ العلماء کی مجلس عاملہ کے رکن، انجمن نادیۃ الاصلاح کے سابق لائبریرین، مسلم انجمن تعلیم کے سابق خزانچی جناب ڈاکٹر عبدالعزیز سلفی کا ۱۲ر ستمبر ۲۰۲۳ء روز منگل بوقت ۱۰ر بجے دن در بھنگہ میں انتقال ہو گیا، ان کی عمر تقریبا پچاسی سال تھی، جنازہ کی نماز بعد نماز مغرب قبیل عشاء مولانا خورشید مدنی سلفی کی امامت میں ادا کی گئی، تدفین چک زہرہ قبرستان میں عمل میں آئی، پس ماندگان میں اہلیہ، دو فرزند انجینئر سید اسماعیل خرم، ڈاکٹر سید یوسف فیصل، ایک صاحب زادی عائشہ فرحین اور ایک بھائی ڈاکٹر سید عبد الحکیم سلفی کو چھوڑا، اس طرح ملت ایک بڑے دانشور، ملی کاموں میں سرگرم اور بافیض شخصیت سے محروم ہو گئی۔ سدا رہے نام اللہ کا۔

مولانا ڈاکٹر عبد العزیز سلفی بن ڈاکٹر عبد العزیز سلفی (م ۱۹۸۸) بن ڈاکٹر سید فرید رحمہم اللہ نے ۱۰ر جنوری ۱۹۴۸ء کو داناپور پٹنہ میں آنکھیں کھولیں، چھ سال کی عمر میں دارالعلوم احمدیہ سلفیہ میں فارسی دوم کی جماعت میں داخلہ ہوا اور ۱۹۵۵ء میں یہاں سے سند

فراغ حاصل کیا، فارسی کی ابتدائی تعلیم آپ نے اپنے والد بزرگوار سے حاصل کی، اس کے بعد جن اساتذہ کے سامنے آپ نے زانوے تلمذ تہہ کیا ان میں مولانا عبد الرحمن پرواز اصلاحی، مولانا نذیر احمد املوی، مولانا فضل الرحمن اعظمی، مولانا عبد الرحمن سلفی، مولانا ظہور رحمانی، مولانا ادریس آزاد رحمانی، مولانا عبد الجبار کھنڈیلوی، مولانا عبید الرحمن عاقل رحمانی کے نام خاص طور سے قابل ذکر ہیں، یہاں دوران تعلیم آپ کافی سر گرم رہے، بیت بازی، مختلف نوعیت کے انعامی مقابلے اور مشاعروں کا انعقاد کرایا، قلمی رسالہ "شگوفہ" اور "منادی" کے نام سے نکالا، اس طرح آپ طلبہ واساتذہ کی توجہ کا مرکز بنے رہے۔

مدرسہ کی تعلیم کی تکمیل کے بعد شفیع مسلم ہائی اسکول کے دسویں کلاس میں داخلہ لیا اور ۱۹۷۵ء میں سائنس لے کر میٹرک کا امتحان پاس کیا، اس کے بعد سی ایم کالج دربھنگہ میں آئی ایس سی میں داخلہ لیا، لیکن ۱۹۶۱ء میں مسلم یونیورسٹی علی گڈھ چلے گیے اور بی ایس سی تک کی تعلیم وہیں پائی، نالندہ میڈیکل کالج پٹنہ میں داخلہ ۱۹۷۰ء میں ہوا اور یہیں سے ۱۹۷۶ء میں ایم بی بی ایس کیا، اسکول کے اساتذہ میں جناب محمد محسن (بی اے) ماسٹر مطیع الرحمن صاحب جن سے ڈاکٹر صاحب نے انگریزی جغرافیہ اور حساب، ماسٹر جمیل احمد صاحب جن سے سائنس اور بشیر احمد شاداں فاروقی سے سماجیات کی تعلیم کے لیے زانوئے تلمذ تہہ کیا، ان حضرات نے ڈاکٹر صاحب کے علمی وادبی ذوق کو پروان چڑھایا، علی گڈھ کے دوران قیام ان کے استاذ ڈاکٹر اخلاق الرحمن قدوائی سابق گورنر بہار اور ہریانہ رہے، میڈیکل کالج کے اساتذہ کا مجھے علم نہیں ہو سکا۔

ایم بی بی ایس سے فراغت کے ایک سال قبل ۱۹۷۵ء میں رخسانہ خاتون بنت قاضی سید حسن شیر گھاٹی گیا کے ساتھ رشتہ ازدواج میں منسلک ہوئے، اللہ رب العزت نے اس

رشتہ میں برکت عطا فرمائی اور دو لڑکے، ایک لڑکی کے ساتھ پوتے، پوتیاں نواسے اور نواسیوں سے بھرا پُرا گھر موجود ہے۔

ڈاکٹر صاحب سے میری ملاقات کئی تھی، لیکن گہرے مراسم نہیں تھے، ان کی بہ نسبت ان کے چھوٹے بھائی ڈاکٹر عبد الحلیم سلفی سے میرے مراسم مضبوط تھے، اس کی خاص وجہ یہ تھی کہ جب آل انڈیا مسلم پرسنل لا بورڈ نے ریاستی سطح پر اصلاح معاشرہ کمیٹی کی توسیع کی تو بہار کو دو حصوں میں تقسیم کر کے جنوبی بہار کا کنوینر مولانا انیس الرحمن قاسمی سابق ناظم امارت شرعیہ اور شمالی بہار کا کنوینر ڈاکٹر عبد الحلیم سلفی کو بنایا تھا اور مجھے شمالی بہار کا جوائنٹ کنوینر بنایا گیا تھا، اس حوالہ سے میرا آنا جانا کئی بار دربھنگہ ہوا اور ڈاکٹر عبد الحلیم سلفیؒ کے ساتھ ان کے گھر حاضری ہوتی تھی، ڈاکٹر عبد العزیز صاحب سے وہیں ملاقات ہوتی رہی، اس زمانہ میں بھی ڈاکٹر صاحب پر ضعف کا غلبہ تھا، بلکہ جسم میں رعشہ تھا، اس کے باوجود جب بھی ملے پورے اخلاق سے ملے، ضیافت کا اہتمام کیا، ان سے مل کر یہ محسوس نہیں ہوتا تھا کہ ہم کسی خاص مسک کے قائد سے مل رہے ہیں، اپنے مسلک پر مضبوطی سے قائم رہنے؛ بلکہ بڑی حد تک اس کی ترویج واشاعت کے لیے کوشاں ہونے کے باوجود دوسرے مسلک کا وہ احترام کرتے تھے اور ملت کے کاموں کو آگے بڑھانے کے لیے سب کے ساتھ مل کر کام کرنے کے عادی تھے، مزاج میں سنجیدگی کے باوجود گفتگو مؤثر اور دلآویز کیا کرتے تھے، پہلی ملاقات میں کوئی ان سے متاثر نہیں ہوتا تھا، لیکن جیسے جیسے قربت بڑھتی، تعلقات میں اضافہ ہوتا، آدمی ان کا گرویدہ ہوتا تھا، اسی گرویدگی کی وجہ سے ان کے گرد ایسے لوگ جمع ہو گیے تھے، جنہوں نے ان کے دادا اور والد کے قائم کردہ اداروں کو اضمحلال اور تنازل کے اس دور میں پورے وقار، معیار، اعتبار اور اعتماد کے ساتھ چلایا اور آج بھی وہ تمام تعلیمی ادارے تیزی سے ترقی کی طرف

گامزن ہیں، ڈاکٹر صاحب کی ایک بڑی خصوصیت عہدوں سے اجتناب تھا، کئی موقعوں پر انہوں نے عہدوں کے قبول کرنے سے انکار کیا، حالاں کہ وہ بغیر طلب آرہے تھے اور بغیر طلب عہدوں پر اللہ کی نصرت بھی آیا کرتی ہے، اس کے باوجود عہدے ان کی طرف کھنچے آرہے تھے، نوجوانوں کو جمعیت اہل حدیث بہار سے جوڑنے کے لیے جمعیت شبان اہل حدیث کا قیام ۱۹۷۳ء میں مظفر پور اجلاس میں ہوا تو اس کی دستور سازی کے لیے جو سہ رکنی کمیٹی بنائی گئی اس میں جعفر زید سلفی، بدر عظیم آبادی کے ساتھ ڈاکٹر صاحب بھی شریک تھے، وہ ایک زمانہ تک جمعیت اہل حدیث بہار کے خازن بھی رہے۔ ۱۹۹۸ء میں دار العلوم احمدیہ سلفیہ کے ناظم منتخب ہوئے اور آخری سانس تک اس ذمہ داری کو نبھایا، ان کی تحریریں کتابی شکل میں میرے سامنے نہیں ہیں، لیکن بعض موقعوں سے ان کے مضامین دار العلوم احمدیہ سلفیہ کے ترجمان الھدیٰ میں شائع ہوا کرتے تھے، بعض شمارے میں اداریے بھی ان کے قلم سے ہیں۔

ڈاکٹر صاحب کو اسٹیج سے تقریر کرتے ہوئے بھی میں نے نہ کبھی دیکھا، نہ سنا، میں نے جس دور میں دیکھا، اس میں وہ ضعف قویٰ کے شکار تھے اور گفتگو بھی کم کیا کرتے تھے، ان کو دیکھ کر مجھے ہمیشہ حکیم عبد الحمید مرحوم کی قبر کا وہ کتبہ یاد آتا تھا جس میں ان کے ملفوظ نقل کیے گیے ہیں، وہ کہا کرتے تھے کہ ابو الکلام، ابو اللسان، ابو البیان تو بہت لوگ ہیں، میں تو ابو العمل بننا چاہتا ہوں، چنانچہ ہمدرد یونیورسٹی اور ہمدرد کی دوائیاں ان کے اسی ابو العمل ہونے کی گواہ ہیں، ڈاکٹر عبد العزیز صاحب بھی ابو العمل تھے، انہوں نے اپنی زندگی گفتار کے غازی کے بجائے عملی مجاہد کے طور پر گذارا، تبھی وہ اتنے بڑے بڑے تعلیمی اداروں کی ذمہ داری ادا کرنے میں کامیاب ہوئے، بلا شبہ ان کی پوری زندگی، دعوتی، ملی اور تعلیمی تھی اور انہوں نے ہر محاذ پر کام کو آگے بڑھا کر ہم سب کو کام

کرنیکا سلیقہ بتانے گیے، اللہ تعالیٰ ڈاکٹر صاحب کی خدمات کو قبول فرمائے اور زندگی بھر کی جدوجہد کا بہترین بدلہ عطا فرمائے۔ آمین یارب العالمین وصلی اللہ علی النبی الکریم

***

حضرت مولانا ابرار الحق صاحب حقیؒ

مفتی محمد ثناء الہدیٰ قاسمی

عالم اسلام کے مشہور بزرگ، روحانی پیشوا، داعی قرآن وسنت، حکیم الامت حضرت مولانا اشرف علی تھانوی کے سلسلۃ الذہب کی آخری کڑی بھی محی السنۃ حضرت مولانا شاہ ابرار الحق صاحب نے ۹ ربیع الثانی ۱۴۲۶ھ کی شب ۱۶ مئی ۲۰۰۶ء کو تقریبا نو بجے ہر دوئی میں داعی اجل کو لبیک کہا، ان کی عمر نوے سال تھی، اس طرح تزکیہ وتربیت کے ایک عہد کا خاتمہ ہوگیا، ایک ایسا عہد جو سلوک وتصوف تعلیم وتربیت کے اعتبار سے زریں عہد تھا۔

حضرت مولانا شاہ ابرار الحق صاحب قدس سرہ سے میری پہلی ملاقات دور طالب علمی میں ہوئی تھی، ملاقات کیا؟ کہنا چاہئے کہ میں نے دیکھا تھا، مجلس میں بیٹھا تھا، میں ان دنوں دارالعلوم مئو کا طالب علم تھا مدرسہ بیت العلوم سرائے میر ضلع اعظم گڑھ میں جلسہ تھا، بڑے بڑے علماء اور اکابر کے آنے کی خبر تھی یاد پڑتا ہے کہ مولانا نظیر عالم ندوی بن مولانا سید محمد شمس الحق صاحبؒ استاذ مدرسہ احمدیہ ابا بکر پور ان دنوں وہیں زیر تعلیم تھے، ان کے خطوط میرے پاس آتے رہتے تھے، اس لئے جلسہ کے بہانے مدرسہ بیت العلوم پہنچا، تقریر کیا ہوئی تھی؟ اب تو وہ یاد نہیں حضرت مولانا کے حوالہ سے بس اتنی سی بات یاد ہے کہ جب اذان کا وقت ہوا اور موذن نے اذان دی تو آپ بہت خفا

ہوئے، ہم جیسوں کے لیے خفگی کی وجہ نامعلوم تھی، بعد میں لوگوں نے بتایا کہ حضرت کلمات اذان میں بے جا کھینچ تان کو پسند نہیں کرتے، بلکہ کھینچنے کی جو حد حروف مدہ اور غیر مدہ میں متعین ہے اس کی پابندی پر اصرار کرتے ہیں اور راگ سے جو اذان دی جاتی ہے اسے خلاف سنت قرار دیتے ہیں اور یہی خفگی کی وجہ ہے، ہندوستان کی جتنی مسجدوں میں اس وقت تک اذان سننے کا موقع ملا تھا اس میں ہر جگہ کھینچ تان کا ہی طریقہ رائج تھا۔ اس لئے یہ بات عجیب وغریب لگی ہم نے حیرت کے کانوں سے سنا، اور دل پر ان کے متبع سنت کا ایک نقش قائم ہوا، حضرت کی بات عقلی اور نقلی طور بھی صحیح معلوم ہوئی۔

پھر زمانہ گزر گیا، میں دارالعلوم دیوبند چلا گیا، پھر وہاں سے لوٹ کر درس وتدریس میں لگ گیا۔ حضرت کے خدام اور خلفاء سے ملاقاتیں ہوتی رہیں ان کی شفقت ومحبت سے بہرہ ور رہا خصوصا حضرت مولانا عبد المنان صاحب بانی وناظم مدرسہ امدادیہ اشرفیہ راجو پٹی ضلع سیتامڑھی سے بار بار ملاقات رہی، اور ان کی توجہات نے دل ودماغ میں ایک مقام بنالیا۔

غالبا ۱۹۹۵ء میں میرا سفر عمرہ کا ہوا، حضرت بھی مکہ المکرمہ میں مقیم تھے، اور بعد نماز عصر مجلس لگا کرتی تھی۔ کئی روز حاضری ہوئی، چپکے سے پیچھے بیٹھ جاتا، گفتگو سنتا، دل ودماغ منور ہوتے اور خاموشی سے اٹھ کر چلا آتا، کبھی اپنے کو متعارف کرنے کا خیال نہیں آیا، بزرگوں کی مجلس میں بولنے کی عادت بھی نہیں رہی، اور نہ کبھی ضرورت محسوس ہوئی، سو ہر مجلس میں چپ چپ سا ہی بیٹھا رہا کبھی لب کھولنے کی نوبت نہیں آئی۔

حضرت سے آخری ملاقات ممبئی میں ہوئی تھی سلیم بھائی مرحوم اور اشفاق بھائی کی دعوت پر مکاتب کے جائزہ پروگرام میں شرکت کے لئے میری حاضری ہوئی تھی، میں ان دنوں مدرسہ احمدیہ ابابکر پور ویشالی میں تھا اور وہیں سے جانا ہوا تھا۔ امارت شرعیہ کی

نمائندگی مفتی سہیل احمد قاسمی کر رہے تھے، اس پورے پروگرام کا تاریخی لمحہ وہ تھا، جب حضرت مولانا وہیل چیئر پر خطاب کے لئے تشریف لائے طویل بیماری سے اٹھے تھے، اس لئے جسم پر فطری ضعف و نقاہت کا غلبہ تھا۔ اس کے باوجود آدھے گھنٹے سے زیادہ آپ نے خطاب کیا۔

قرآن کریم صحت کے ساتھ پڑھا اور پڑھایا جائے، اس کے وہ بڑے محرک اور داعی تھے، اسی نسبت سے تفصیلی خطاب ہوا، پوری تقریر تو یاد نہیں رہی، بس اتنا یاد ہے کہ حضرت نے بڑے سوز و کرب کے ساتھ ارشاد فرمایا کہ آج مدارس والے مالی بحران کا شکوہ کرتے ہیں، میرے پاس بھی بڑی تعداد میں ایسے لوگ آتے ہیں، جب بھی میرے سامنے یہ تذکرہ آتا ہے تو معاً یہ خیال آتا ہے کہ وہاں قرآن کریم کی تعلیم صحت کے ساتھ نہیں ہو پارہی ہے، قرآن کریم پر محنت کیا جائے اور اسے صحت کے ساتھ پڑھایا جائے، اور پڑھا جائے تو ادارہ میں مالی بحران نہیں ہو سکتا، آپ نے فرمایا کہ برسوں میں نے اس کا تجربہ کیا ہے اور اس تجربہ کی بنیاد پر آپ کے سامنے بڑے اعتماد سے یہ کہہ رہا ہوں۔

واقعہ یہ ہے کہ حضرت مولانا نے اسے اپنی زندگی کا مشن بنالیا تھا، آج نورانی قاعدہ کے ذریعہ تصحیح قرآن کی جو ملک گیر تحریک چل رہی ہے، اور جگہ جگہ مرکزی دفتر امارت شرعیہ کے ذریعہ جو کیمپ لگائے جارہے ہیں اور جہاں کثیر تعداد میں معلمین تربیت کے لئے حاضر ہوتے ہیں، یہ سب اسی شمع فروزاں کی دین ہے، چراغ سے چراغ جلتے گئے، اور روشنی پھیلتی گئی، پہلے یہ حضرت مولانا کی آواز تھی، اور اب پورے ملک کے خدام قرآن کی آواز بن گئی ہے۔

مولانا کو محی السنہ کہا جاتا ہے۔ واقعہ یہ ہے کہ حضرت تھانوی کے مے خانہ کے اس

درویش پر یہ لفظ سب سے زیادہ صادق آتا ہے، الفاظ کی معنویت صد فی صد دیکھنا ہو تو محی السنہ کی حیثیت سے حضرت کی ذات گرامی کو دیکھنا چاہئے، ہر کام میں سنت کا اس قدر اہتمام میری نگاہ میں کسی اور کے یہاں دیکھنے کو نہیں ملا۔ حضرت مولانا فطرتاً نفاست پسند تھے، یہ نفاست، لباس، وضع قطع، چال ڈھال ہی میں نہیں مسجد و مدرسۃ کی تعمیرات تک میں نظر آتی ہے، وہ شعائر اسلام کو خوبصورت دیکھنا پسند کرتے تھے، علماء کی قدر دانی ان کی فطرت تھی، ظاہری وضع قطع پر بھی خاصہ دھیان دیتے تھے، اصول کی شدت کیساتھ پابندی حضرت تھانوی کے یہاں سے ورثہ میں ملی تھی، پوری زندگی اسے برتتے رہے، اصول کی پابندی میں جو سہولت ہوتی ہے، اسے وہی لوگ سمجھ سکتے ہیں، جنہوں نے اس کا مزہ چکھا ہے، کچھ لوگ اس شدت پسندی پر اعتراض کیا کرتے ہیں لیکن جس نے اس کا مزہ ہی نہ چکھا ہو اس کی تعریف کیا، تنقید کیا؟

حضرت شاہ صاحب کی ایک بڑی خصوصیت وقت کی پابندی تھی، کس وقت کون سا کام کرنا ہے؟ کس سے ملنا ہے اور کب ملنا ہے، سارے اوقات منضبط تھے، اس پابندی سے وقت کی حفاظت ہوتی تھی، اور اسی وجہ سے ان کے وقت میں بڑی برکت تھی، وہ تواضع اور انکساری کے پتلا تھے، ان کے تقوی کی قسمیں کھائی جاتی تھیں، اور وہ مدح وذم سے بے نیاز اپنے کام میں مشغول رہتے تھے، انہیں نہ ستائش کی تمنا تھی نہ صلے کی پرواہ، انہوں نے خدا کی رضا کو اپنا مقصد بنالیا تھا اور یہ مقصد سارے امور پر حاوی ہو گیا تھا۔

بہر کیف ہر نفس کو آخر فنا ہے حضرت مولانا بھی چلے گئے، ہمارے لئے اتباع سنت، قرآن کریم صحت کے ساتھ پڑھنے پڑھانے کی تحریک چھوڑ گئے، ایک اور چیز جس پر

حضرت شاہ صاحب زور دیتے تھے وہ نہی عن المنکر ہے، فرماتے تھے امر بالمعروف کی تحریک تو چل پڑی ہے تبلیغی جماعت اس کام کو اچھے سے کر رہی ہے ضرورت ہے کہ نہی عن المنکر کو بھی تحریکی طور پر شروع کیا جائے، اور منکرات سے بچنے کا مزاج بنایا جائے، اللہ کرے ہم ان کاموں کی طرف توجہ دے سکیں، یہی حضرت شاہ صاحب کو بہترین خراج عقیدت ہو گا۔

※ ※ ※

عبدالمغنی صدیقی ایڈووکیٹ مرحوم

مفتی محمد ثناء الہدیٰ قاسمی

۲۷/جولائی ۲۰۰۱ء بروز جمعہ دن بھر کے تھکا دینے والے سفر کے بعد جناب محمد سلیم رضوی کے ساتھ انوار الحسن وسطوی کے دولت کدہ پر بیٹھا ہی تھا کہ انہوں نے یہ المناک خبر سنائی کہ کل عبدالمغنی صدیقی کا انتقال ہوگیا، خبر کیا تھی؟ ایک بجلی تھی، جو گری اور خرمن سکون و چین کو خاکستر کرتی چلی گئی، عمر کی جس منزل میں وہ تھے اس میں ایسی خبریں غیر متوقع نہیں ہوتیں، لیکن جب کوئی ستون گرتا ہے تو زمین دہلتی ہے اور آواز دور تک سنی جاتی ہے، عبدالمغنی صدیقی بھی حاجی پور میں ملی، سماجی اور ادبی کاموں کے لئے ایک ستون تھے، مستحکم اور مضبوط ستون، اس لئے ان کی موت کی خبر نے دل و دماغ کی چولیں ہلا دیں، عالم تصور میں ان کا سراپا دیر تک گھومتا رہا، پوری زندگی جہد مسلسل اور متواتر خدمات کے بعد عالم ضعیفی میں ان کا جو ہیولی بنا تھا، اس میں پاکیزگی، نفاست، روحانیت، تواضع، خاکساری اور علماء کی قدردانی تھی، یہ وہ اوصاف تھے، جن سے ملاقاتی کی طرف کھنچتے تھے اور مرحوم سے برابر ملنے کو جی چاہتا تھا۔

میری پہلی ملاقات تحفظ شریعت کمیٹی کے زیر اہتمام نکلنے والے اس تاریخی جلوس میں ہوئی تھی، جو شاہ بانو کیس میں نفقۂ مطلقہ کو کالعدم قرار دینے کے لئے مسلم پرسنل لا بورڈ کی تحریک پر ہر ضلع میں نکل رہا تھا اور کلکٹر کو میمورنڈم دے کر اس سے ناگواری کا

اظہار کیا جاتا تھا، مرحوم تحفظ شریعت کمیٹی ضلع ویشالی کے صدر تھے اور محمد یوسف انجینئر مرحوم کے ساتھ تگ ودو میں لگے ہوئے تھے، مرحوم کی قیادت میں یہ جلوس اس شان، بان سے نکلا تھا کہ حاجی پور کی سرزمین نے اس سے پہلے ایسا جلوس نہیں دیکھا تھا اور نہ کبھی بعد میں ایسا منظر دیکھنے کو ملا، جمعہ کا دن تھا، انور پور چوک سے کچہری میدان تک؛ بلکہ کہنا چاہئے کہ حاجی پور کی ہر مسجد اور ہر گلی اور محلہ سے لوگوں کا ایک سیل رواں تھا جو کچہری میدان کی طرف بڑھ رہا تھا، جلوس کا ایک سرا کچہری میدان سے نکل کر انور پور پہنچ گیا تھا جبکہ دوسرا سرا ابھی کچہری مہدان سے نکل بھی نہیں سکا تھا، عقل حیران تھی کہ اس ضعیف اور کمزور انسان کے مضمحل قوی میں کتنا کس بل تھا کہ یہ بھیڑ اکٹھی ہوگئی۔

اس ملاقات کے بعد بار بار ملاقات ہوتی رہی، کبھی کسی جلسہ میں اور کبھی کسی سیمینار میں، جس میں وہ اپنے پاؤں اور گھٹنوں کی سخت تکلیف کے باوجود جانا ضروری سمجھتے، آخری ملاقات اس وقت ہوئی تھی جب مجھے صدر جمہوریہ کے ہاتھوں قومی ایوارڈ ملا تھا اور حاجی پور میں ایک استقبالیہ جلسہ کا انعقاد کیا گیا تھا، وہ اس جلسہ کے صدر تھے، صدارتی تقریر ان کی مختصر مگر بہت جامع ہوئی تھی، اس میں حوصلہ افزائی بھی تھی، زمانہ کے تلخ وتند تجربات کا نچوڑ بھی تھا اور مستقبل کے لئے نصیحتیں بھی۔

الحاج عبد المغنی صدیقی ابن عبد الغنی بن نیاز علی بن شیخ شمشیر علی بن شیخ فتح علی (حدیقۃ الانساب:۱/ ۲۱۰) نے ابا بکر پور کواہی، پاتے پور، ضلع ویشالی میں یکم مئی ۱۹۱۴ء کو آنکھیں کھولیں، ابتدائی تعلیم گھر پر حاصل کرنے کے بعد ۱۹۳۴ء میں کلکتہ چلے گئے، جہاں سے میٹرک کا امتحان پاس کیا۔

مولانا ابوالکلام آزاد اور علامہ جمیل مظہری کے یہاں آمد ورفت اور مسلسل ملاقات

نے آپ میں ملی اور ادبی ذوق کو پروان چڑھایا، ۱۹۳۷ء میں کلکتہ چھوڑ کر مظفرپور آ گئے اور وکالت شروع کیا، ساتھ ہی سیاسی و سماجی کاموں میں بڑھ چڑھ کر حصہ لیتے رہے، جلد ہی ممتاز کارکنوں میں آپ کا شمار ہونے لگا اور آپ کی خدمات نے قبول عام حاصل کیا، یہ قبولیت ہی کی بات تھی کہ ۱۹۴۸ء میں ڈاکٹر راجندر پرشاد صدر جمہوریہ ہند نے تمغہ اور توصیفی سند سے نوازا، آزادی کے فوراً بعد ہندوستان میں کشیدگی اور فسادات کی جو لہر پورے ملک میں چلی، تو عبدالمغنی صدیقی نے جان ہتھیلی پر رکھ کر قومی یکجہتی کے لئے کام شروع کیا اور پھر پوری جدوجہد کی، تاکہ ملک کے سیکولر کردار کو بچایا جاسکے، اس مسلسل تگ ودو کے جو مثبت اثرات سماج پر پڑے اس کے لئے کئی کمشنروں نے انہیں Letter of thanks سے نوازا، وہ بارہ سال تک مسلم کلب مظفرپور کے جنرل سکریٹری بھی رہے۔

۱۹۵۵ء میں وہ مظفرپور سے حاجی پور منتقل ہوگئے اور یہیں کے ہو کر رہ گئے، مختاری شروع کیا اور اس شان سے کیا کہ مختار ان کے نام کا لازمہ بن گیا اور وہ "مغنی مختار" کے نام سے پہچانے جانے لگے، دس بارہ سال تک انجمن فلاح المسلمین حاجی پور کے سکریٹری رہے، انجمن ترقی اردو حاجی پور، ضلع اوقاف کمیٹی ویشالی اور کانگریس اقلیتی کمیٹی کے صدر کی حیثیت سے بھی مختلف اوقات میں کام کیا، ۱۹۶۲ء میں ایڈوکیٹ کی حیثیت سے سرکاری منظوری ملی اور A.P.P پھر A.G.P بھی بنائے گئے، انھوں نے ایڈوکیٹ ایسوی ایشن کے صدر اور آل بہار لایر (Lowyer) ایسوی ایشن کے سکریٹری کی حیثیت سے بھی خدمات انجام دیں، اخیر عمر میں اللہ تعالیٰ نے حج بیت اللہ کی سعادت بخشی، ۲۶/ جولائی ۲۰۰۱ء بروز جمعرات بوقت ساڑھے نو بجے صبح قوم کا یہ سچا خادم اور ملی کاموں میں پیش پیش رہنے والی اس عظیم شخصیت نے حشمت حیات کے مکان باغ ملی، حاجی پور

میں جہاں وہ کرایہ دار کی حیثیت سے مقیم تھے، آخری سانسیں لیں اور اس جہانِ فانی کو خیر باد کہا۔

نماز جنازہ ان کی وصیت کے مطابق ان کے داماد پروفیسر محمد نجم الہدیٰ سابق صدر شعبۂ اردو بہار یونیورسٹی نے پڑھائی اور بعد نماز عصر وصیت کے مطابق ہی اسلامی عہد کی عظیم یادگار سنگی مسجد حاجی پور کے سامنے تدفین عمل میں آئی۔

یہ اچھا ہوا کہ ان کے صاحب زادہ نسیم احمد ایڈووکیٹ نے ان پر ایک کتاب شائع کرنے کا ارادہ کیا، ڈاکٹر ممتاز احمد خاں مرحوم حیات سے تھے، انہوں نے اس کی ترتیب کی ذمہ داری اپنے سرلی، ان کی زندگی میں یہ کتاب مکمل تیار نہیں ہو سکی، بعد میں انوار الحسن وسطوی صاحب نے دلچسپی دکھائی، کتاب چھپ کر منظر عام پر آگئی ہے اور اس کا اجراء بھی بڑے تزک واحتشام کے ساتھ حاجی پور کے مختار خانے میں ہوا، جہاں وہ بیٹھا کرتے تھے، تاریخ ۲۳/ جولائی ۲۰۲۳ء کی تھی، عبد المغنی صاحب سے محبت کرنے والوں کا جم غفیر جمع تھا، موقع یو سی سی کی مخالفت کا تھا، اس لیے مقررین نے تحفظ شریعت کے حوالہ سے ان کی خدمات کا دل کھول کر اعتراف کیا، اللہ تعالیٰ مرحوم کی مغفرت فرمائے اور تحفظ شریعت کے لیے ان کا کوئی متبادل ملت کر دے

***

مفتی محمد ثناء الہدیٰ قاسمی: زندگی کا سفر

غالب شمس قاسمی در بھنگوی

سرزمین بہار علم کی بستی اورادب کا گہوارہ رہی ہے، یہاں جابجا بزرگان دین کی قبریں ماضی کا پتہ دے رہی ہیں، ماضی کی شخصیتیں اگر بے نظیر تھیں، توزمانۂ حال میں بھی گوہر نایاب موجود ہیں، ویشالی ضلع کے حسن پور گنگھٹی سے تعلق رکھنے والے حضرت مولانا مفتی محمد ثناء الہدیٰ قاسمی دامت برکاتہ العالیہ کی شخصیت محتاجِ تعارف نہیں، آپ کی ذات ہمہ گیر اورآپ کی خدمات ہمہ جہت ہیں، آپ فی الحال امارت شرعیہ پھلواری شریف پٹنہ کے نائب ناظم، امارت شرعیہ کے ترجمان ہفت روزہ نقیب کے مدیر اعلیٰ، وفاق المدارس الاسلامیہ بہار کے ناظم، آل انڈیا مسلم پرسنل لا بورڈ اورآل انڈیا ملی کونسل کے رکن تاسیسی ہیں، اسی طرح آپ معہد العلوم الاسلامیہ چک چمیلی (سرائے ویشالی) کے بانی مبانی بھی ہیں ہے، اعتراف خدمات میں آپ کو کئی سرکاری اعزاز سے نوازا جاچکا ہے۔

مختصر حالات زندگی:

ولادت: آپ کی ولادت ۱۷/ نومبر ۱۹۵۸ء (بہ مطابق ۵/ جمادی الاولی ۱۳۷۸ھ) بروز پیر محمد نور الہدیٰ کے یہاں حسن پور گنگھٹی موجودہ ضلع ویشالی میں ہوئی۔ ابتداء میں آپ کا نام شمیم الہدیٰ رکھا گیا، لیکن والد گرامی نے بعد میں ثناء الہدیٰ کر دیا۔

شجرۂ نسب: محمد ثناء الہدیٰ ابن محمد نور الہدیٰ بن منشی علی حسن بن رجب علی بن

سخاوت علی۔

خاندان: آپ کے گاؤں میں گرچہ جہالت عام تھی: لیکن آپ کا خاندان مذہبی و عصری تعلیم سے آراستہ تھا، ہدی فیملی، تہذیب و شائستگی کے لئے علاقے بھر میں مشہور تھی، ان کے والد محترم ماسٹر محمد نور الہدیٰ ڈبل ایم اے تھے، ایم اے فارسی میں بہار یونیورسٹی کے وہ ٹاپر تھے: آپ کے دادا منشی علی حسن اچھے خوش نویس تھے، اور انہیں گلستان وبوستان کے اکثر حصے زبانی یاد تھے۔

رسم بسم اللہ: پانچ سال کی عمر میں آپ کی پھوپھو راشدہ خاتون نے رسم بسم اللہ ادا کرائی، ناظرہ قرآن، اردو کا قاعدہ۔ پہلی، دوسری، تیسری،(مولانا محمد اسماعیل خان صاحب میرٹھی کی کتاب کا پورا سیٹ)اور فارسی کی پہلی، دوسری، انگریزی کی پہلی کنگ ریڈر، پہاڑہ اور جوڑ گھٹاؤ سب کی تعلیم پھوپھو کے پاس ہی ہوئی، بچپن ان ہی کے زیر تربیت گزرا، گھر کا ماحول علمی تھا، اسی لئے ابتداء ہی سے دین وادب کا چسکا لگ گیا۔

اسکول کی تعلیم: گھریلو تعلیم کے بعد ۱۹۶۶ء میں بکساما مڈل اسکول میں تیسرے درجے میں داخلہ کرایا گیا، یہاں انھوں نے پانچویں درجے تک تعلیم پائی، اسکول کے اساتذہ میں جگ لال جی، اور ماسٹر ہارون قابل ذکر ہیں۔

مدرسہ میں داخلہ :۱۹۷۰ء میں مدرسہ احمدیہ ابابکر پور ویشالی میں درجۂ حفظ میں داخل ہوئے، قاری عتیق الرحمان صاحب کے پاس حفظ شروع کیا، ایک سال بعد مدرسہ احمدیہ چھوڑ کر گاؤں کے مکتب مدرسہ ملیہ میں پڑھنا شروع کیا۔ یہاں ان کے حفظ کے استاد حافظ محمد مستقیم جنتواری پوری تھے، جو اس گاؤں میں مکتب کے معلم تھے۔

مئو کا سفر: ۱۹۷۲ء میں دار العلوم مئو میں داخلہ کرایا گیا، دوسرے سال ۱۹۷۳ کے آخر میں حفظ کی تکمیل ہوئی، فارسی اور عربی اول و دوم کی کتابیں دار العلوم مئو میں ہی

پڑھیں، پھر عربی سوم میں مفتاح العلوم مئو میں داخلہ لیا۔ آپ نے حفص کی تکمیل قاری عبد المنان صاحب رحمۃ اللہ علیہ کی درسگاہ میں یہیں سے کی، اس وقت مئو میں شیخ القراء قاری ریاست علی، مولانا عبد اللطیف نعمانی، اور ابو المآثر حبیب الرحمن اعظمی رحمھم اللہ جیسے اکابر علماء موجود تھے۔ اگلے سال دوبارہ دار العلوم مئو میں داخلہ لیا، اور عربی چہارم پڑھا، اسی سال قاری ظفر الاسلام صاحب سے قرأت سبعہ کی بھی تکمیل کرلی۔

عصری درسگاہوں سے استفادہ:

آپ نے عصری درسگاہوں سے خوب استفادہ کیا، آپ نے اتنی زیادہ ڈگریاں حاصل کر رکھی ہیں کہ بقول محمد فیاض قاسمی کے: کہ " آپ نے حافظ، قاری، فاضل، مفتی، ادیب، ایم اے اور بی اے جیسی اتنی ڈگریاں حاصل کر رکھی ہیں، کہ ہمارے جیسا لاغر جسم والا ان ڈگریوں تلے دب جاتا، مگر یہ بآسانی اٹھائے ہوئے ہیں، لیکن سادگی کا اس قدر حملہ ہے، کہ کوئی سرسری دیکھنے والا صرف ایک ملاجی سمجھے، یا بہت مہربانی کرے تو میٹرک پاس گردان لے"۔

آپ نے فراغت کے ساتھ ہی پرائیویٹ سے میٹرک کا امتحان دیا، بعدہ بہار یونیورسٹی مظفر پور میں بی اے آنرز فارسی میں یونیورسٹی ٹاپ کیا، اور پہلی پوزیشن پائی، فارسی سے ہی ایم اے کیا، اور پوری یونیورسٹی میں دوسری پوزیشن پائی، پی ایچ ڈی کا مقالہ بھی لکھ چکے تھے، پروفیسر متین احمد صاحب بہار یونیورسٹی گائیڈ تھے، ان کے انتقال کی وجہ سے سے ڈاکٹر بنتے بنتے رہ گئے۔ اسی طرح بہار اسٹیٹ مدرسہ ایجوکیشن بورڈ سے پانچ مضمون میں فاضل کیا، جامعہ اردو علی گڑھ سے ادیب کامل کیا، جامعہ دینیات سے فاضل دینیات اور عربک پرشین بورڈ الہ آباد سے بھی فاضل کی سند لی۔

عملی خدمات:

آپ نے فراغت کے بعد ٹیچر ٹریننگ کیا، لیکن والد محترم کے مشورے سے تدریسی زندگی کا آغاز مدرسے سے کیا، چنانچہ ۸۳ء میں دار العلوم بربٹہ سمستی پور (ملحق بہار اسٹیٹ مدرسہ ایجوکیشن بورڈ) میں پرائیویٹ طور پر درس وتدریس کی خدمت سے وابستہ ہوگئے، یہاں قدوری، نور الایضاح، اور فارسی کی پہلی آپ کے درس میں شامل رہی، اس وقت آپ کی تنخواہ صرف تین سو روپے تھی۔

یکم مئی ۸۴ء مادر علمی مدرسہ احمدیہ ابا بکر پور ویشالی میں خدمت تدریس پر مامور ہوئے۔ ۱۹۹۰ء میں آپ کو بہار اسٹیٹ مدرسہ ایجوکیشن بورڈ نے ڈیپوٹیشن پر آپ کو بہار مدرسہ بورڈ کی تاریخ مرتب کرنے کے لئے بلالیا۔ یہاں آپ ۱۹۹۴ تک رہے، پروجیکٹ کی تکمیل کے بعد مدرسہ احمدیہ میں دوبارہ درس وتدریس میں لگ گئے، آپ نے مدرسے کے درجۂ حفظ کو سدھارنے اور علمی ڈگر پر لانے کی کوشش کی، اسی کے ساتھ قدوری، ابوداؤد شریف اور آثار السنن جیسی کتابیں آپ کے زیر درس رہیں۔

امارت شرعیہ سے وابستگی:

۲۹ / اکتوبر ۱۹۹۵ء میں آپ کو امارت شرعیہ بہار واڑیسہ کے مجلس ارباب حل و عقد کا رکن منتخب کیا گیا۔ مئی ۲۰۰۳ء میں امیر شریعت سادس مولانا نظام الدین صاحب کی ایماء پر بطور نائب ناظم امارت تشریف لائے، مارچ ۲۰۱۵ء سے امارت شرعیہ کے ترجمان ہفت روزہ نقیب کا اداریہ (اس کے مدیر جناب عبد الرافع کے صاحب فراش ہوجانے کی وجہ سے) لکھنا شروع کر دیا تھا، البتہ دسمبر ۲۰۱۵ء میں ایڈیٹر عبد الرافع کے انتقال پر ملال کے بعد آپ کو مستقل طور پر نقیب کی ادارت سونپ دی گئی، اور تا حال امارت شرعیہ کے نائب ناظم، وفاق المدارس الاسلامیہ کے ناظم اور ہفت روزہ نقیب کے مدیر کی حیثیت سے خدمات انجام دے رہے ہیں۔

آل انڈیا ملی کونسل:

فقیہ اسلام حضرت مولانا قاضی مجاہد الاسلام قاسمیؒ کی جوہر شناس نگاہ نے اس گوہر بے بہا کو پہچان لیا، چنانچہ قاضی صاحب نے کئی اہم ذمہ داریاں آپ کے سپرد کیں، آپ ملی کونسل کی پہلی میقات (سن ۱۹۹۲ء) میں بمقام میسور معاون سکریٹری بنے، اور دوسری میقات (سن ۱۹۹۵) میں بہار میں رابندر ناتھ ٹیگور ہال میں سکریٹری بنائے گئے اور سن ۲۰۰۲ میں باضابطہ سکریٹری بنے۔

مسلم پرسنل لا بورڈ:

بورڈ کے ارکان مجلسِ تاسیسی نے مونگیر میں منعقدہ اجلاس ۲مارچ ۲۰۰۳ء میں آپ کو بورڈ کا معزز رکن منتخب کیا۔

شعر و ادب:

مفتی صاحب کو شعر، نظم اور غزل سے بھی بڑی مناسبت تھی، ضیاء اور عاصی تخلص اختیار فرماتے تھے، اسی طرح ۱۹۷۶ء سے ۸۳ء تک ثناء نوری، ضیاء رحمانی، بدر عالم طیبی جیسے فرضی نام سے افسانے لکھا کرتے تھے، فراغت کے بعد یہ سلسلہ پوری طرح سے بند کر دیا۔

قلمی خدمات:

آپ کی قلمی و ادبی خدمات کا دائرہ اتنا وسیع ہے کہ بہار کے بڑے بڑے ادیبوں نے آپ پر قلم فرسائی کی ہے، ادبی و قلمی خدمات کے اعتراف میں انجمن ترقی اردو ویشالی نے سیمینار بعنوان " مفتی محمد ثناء الہدیٰ قاسمی شخصیت اور خدمات " کیا، جو کتابی شکل میں موجود ہے۔

آپ نے زندگی، سیاست اور سیادت ہر ایک پر خوب لکھا ہے۔ بقول انوار الحسن

وسطوی:

"حقیقت میں مفتی صاحب نہ نرے مولوی ہیں اور نہ خالی خولی ادیب بلکہ ایک کثیر الجہات شخصیت ہیں۔ یہ ان کی گوناگوں دلچسپیوں اور ان کی وسعت نظری کا کمال ہے کہ انھوں نے مختلف شعبہ ہائے زندگی سے تعلق رکھنے والے جس کسی شخص میں بھی کوئی خوبی دیکھی تو اس کے قائل ہوئے اور اس شخصیت کو اپنی تحریر کا موضوع بنایا۔ مفتی صاحب انسانوں میں خامیاں نہیں ڈھونڈتے، خوبیاں تلاش کرتے ہیں۔ خود بھی ان خوبیوں سے متاثر ہوتے ہیں ور مسلسل دوسروں کو بھی ان کی ترغیب دیتے ہیں"

یوں تو آپ دار العلوم مئو اور دار العلوم دیوبند دونوں جگہ تحریری و تقریری شعبوں میں حصہ لیتے رہے، البتہ جداری پرچوں سے کتابی تصنیف تک کا سفر دار العلوم دیوبند کے دور طالب علمی میں ہی طے کیا، عربی ششم میں آپ کی سب سے پہلی کتاب "فضلاء دار العلوم دیوبند اور ان کی قرآنی خدمات" منظر عام پر آگئی تھی، جس میں پیش لفظ مولانا ریاست علی ظفر بجنوری، اور مقدمہ مولانا انظر شاہ کشمیری رحمہما اللہ نے لکھا ہے۔ اس کے بعد پے بہ پے ساڑھے چار درجن سے زائد کتابیں مختلف موضوعات پر منظر عام پر آچکی ہیں، جن کی فہرست درج ذیل ہے:

شرح حدیث پر:

تفہیم السنن شرح آثار السنن جلد اول (١٩٩٦)

تفہیم السنن شرح آثار السنن جلد دوم (١٩٩٨ء)

فن فقہ پر:

(٣) نئے مسائل کے شرعی احکام جلد اول (٢٠١۴ء)

(۴) نئے مسائل کے شرعی احکام جلد دوم (٢٠١٨ء)

(۵)حضرت فاطمہ کے جہیز کی حقیقت (۱۹۸۶ء)

(۶) المسائل المستجدہ فی ضوء القرآن و السنۃ (عربی ترجمہ؛ نئے مسائل کے شرعی احکام)

:اسلامیات

(۷) المنہج السلیم الی دعوۃ اللہ العظیم (عربی ترجمہ: دین کی دعوت کا آسان طریقہ)

(۸) دین کی دعوت کا آسان کا طریقہ (۱۹۸۶ء)

(۹) اذان مجاہد (قاضی مجاہد الاسلام قاسمی کی تقریر کا مجموعہ) (۲۰۰۷ء)

(۱۰) دعا عبادت بھی۔ حل مشکلات بھی (۲۰۱۷ء)

(۱۱) عمرہ حج وزیارت ــ سفر محبت وعبادت (۲۰۰۹ء)

(۱۲) اچھا سماج بنائیے (۲۰۱۳ء)

(۱۳) اصلاح کی فکر کیجیے (۲۰۱۰ء)

(۱۴) حرف حرف زندگی (۲۰۱۸ء)

(۱۵) اتحاد امت اور اختلاف رائے ــ اصول و آداب (۲۰۱۶ء)

تعلیم و تدریس:

(۱۶) تعلیم ترقی کی شاہ کلید (۲۰۱۵ء)

(۱۷) مدارس اسلامیہ میں منصب تدریس اور طریقہ تدریس (۲۰۱۴)

(۱۸) عصر حاضر میں مسلمانوں کا نظام تعلیم۔ تجزیہ مسائل و حل۔ (۱۹۹۲ء) ہمہ گیر تعلیمی مہم میں شامل نصابی کتاب

(۱۹) آو ہم پڑھیں (۲۰۰۹ء)

(۲۰) خاصیات ابواب (۱۹۸۷ء)

ترتیب و تدوین:

(۲۱) نامے میرے نام (جلد اول) (مفتی صاحب کے نام لکھے گئے خطوط کا مجموعہ) (۲۰۱۶ء)

(۲۲) نامے میرے نام (جلد دوم) زیر طباعت

(۲۳) دیوان عبداللطیف اوج (۲۰۱۵ء)

(۲۴) دیوان سراج سلطانپوری (زیر طباعت)

(۲۵) میری سنو (مولانا نبی اختر مظاہری کا مجموعۂ کلام) [۲۰۱۲ء]

(۲۶) گلدستۂ شادمانی (سہروں کا مجموعہ) [۱۹۹۰]

(۲۷) حکیم الامت حضرت مولانا اشرف علی۔ تھانوی اور مولانا عبدالعزیز بسنتی کے علمی مراسلے (۲۰۱۶ء)

(۲۸) ام شمیم جرنلسٹ۔ حیات و خدمات (۱۹۸۹)

(۲۹) قومی یک جہتی (۱۹۹۰)

ادبیات: (تاریخ و تحقیق و تنقید)

(۳۰) نقد معتبر (۲۰۰۹ء)

(۳۱) حرف آگہی (۲۰۱۵ء)

(۳۲) تذکرہ مسلم مشاہیر ویشالی (۲۰۰۱ء)

(۳۳) فضلائے دارالعلوم اور ان کی قرآنی خدمات (۱۹۸۰)

(۳۴) حرف تازہ _ غزلوں کا مجموعہ۔ (غیر مطبوعہ)

(۳۵) یہ سفر قبول کرلے (۲۰۲۰ء)

(۳۶) بہار مدرسہ بورڈ _ تاریخ و تجزیہ (۱۹۹۲)

(۳۷) آوازہ لفظ و بیاں (۲۰۲۱ء)

خاکــــــہ

(۳۸) یادوں کے چراغ جلد اول (۲۰۰۹ء)

(۳۹) ہادوں کے چراغ جلد دوم (۲۰۱۷ھ)

(۴۰) یادوں کے چراغ جلد سوم (۲۰۲۲ء)

(۴۱) یادوں کے چراغ جلد چہارم (۲۰۲۲ء)

(۴۲) یادوں کے چراغ جلد پنجم (غیر مطبوعہ)

(۴۳) دکھتی رگیں (افسانوں کا مجموعہ)[غیر مطبوعہ]

(۴۴) آدھی ملاقات (مفتی صاحب کے مکاتیب کا مجموعہ)[۲۰۲۲ء]

(۴۵) سی اے اے، این آر سی، اور این پی آر – حقائق، اندیشے، مضمرات ۔(۲۰۲۰ء)

(۴۶) کورونا مسائل، مصائب اور مشکلات

(۴۷) نقطۂ نظر (۲۰۲۰ء)

(۴۸) زاویہ نظر (۲۰۲۲)

(۴۹) تماشا مرے آگے (۲۰۲۲ء)

(۵۰) تذکرہ مسلم مشاہیر بہار

(۵۱) مکاتیب شاہ علی منعمی کا تنقیدی و تجزیاتی مطالعہ (پی ایچ ڈی کے لئے لکھا گیا تحقیقی مقالہ، غیر مطبوعہ)

آپ پر لکھی گئی کتابیں:

(۱) مفتی محمد ثناء الہدیٰ قاسمی شخصیت اور خدمات (ڈاکٹر مشتاق احمد مشتاق)

(۲) مفتی محمد ثناء الہدیٰ قاسمی اور ان کی ادبی خدمات (یہ ڈاکٹر راحت حسین کے پی ایچ ڈی کا مقالہ ہے، جو کتابی صورت میں شائع ہے)

(۳) مفتی محمد ثناء الہدیٰ قاسمی شعراء کرام کی نظر میں۔

(مرتب: عبد الرحیم استاذ معہد العلوم الاسلامیہ چک چمیلی سرائے ویشالی)

آپ پر لکھے گئے مضامین جو دوسری کتابوں میں شامل ہوئے:

(۱) باتیں میر کارواں کی (عارف اقبال در بھنگوی)

(۲) ہندوستان کے قائدین (شمیم اختر)

(۳) بہار کی بہار (مولانا وصی احمد شمسی)

(۴) ضلع اردو نامہ ۲۰۲۲/۲۳ (مرتب: آفتاب عالم)

ایوارڈ:

قومی ایوارڈ برائے اساتذہ۔ (تعلیمی میدان میں قابلِ ذکر خدمات کے اعتراف میں یوم اساتذہ پر بدست صدر جمہوریہ ہند کشوری رمن نارائن (۵ ستمبر ۲۰۰۰ء)

شمس الہدیٰ ایوارڈ۔ بدست اس وقت کے وزیر تعلیم حکومت بہار، جے پرکاش نارائن یادو۔ (۱۴ اکتوبر ۱۹۹۷ء)

بہار اردو اکیڈمی ایوارڈ۔ ۲۰۱۷ء میں آپ کی کتاب "تعلیم: ترقی کی شاہ کلید" کے منظور ہونے پر.

توصیفی سند (بہار مدرسہ بورڈ "تاریخ و تجزیہ" کی تصنیف پر چیرمین مدرسہ بورڈ محمد سہراب نے بتاریخ ۲۰ اپریل ۱۹۹۵ء میں توصیفی سند عطا کی، اور فرمایا کہ "اگر بورڈ کے دائرۂ اختیار میں پی ایچ ڈی یا کامل کی ڈگری تفویض کرنا ہوتا، تو بورڈ انہیں اس علمی کام پر مذکورہ ڈگری ایوارڈ کرتا۔"

اس کے علاوہ سیکنڑوں سرکاری وغیر سرکاری ایوارڈ اور اعزازات سے آپ نوازے گئے۔

بیعت و خلافت:

حضرت مولانا حکیم محمد اسلام انصاری میرٹھ خلیفۂ اجل حضرت مولانا قاری محمد طیب صاحب کے دست گرفتہ ہیں۔ آپ کے صلاح و تقویٰ کو دیکھ کر ۱۴۲۵ھ مطابق ۲۰۰۵ء میں حضرت مولانا حکیم محمد اسلام انصاری نے آپ کو اجازت و خلافت عنایت فرمائی، اور ایک خط بھیجا" جس میں کچھ یوں رقم طراز ہوئے کہ "الحمد اللہ حق تعالیٰ نے آپ کو فطری طور پر قلب کی صلاحیتیں عطا فرمائی ہیں، اور بعض دفعہ فطری صلاحیت اکتسابی صلاحیت سے بڑھ جاتی ہے۔ سو الحمد للہ یہ صلاحیت۔۔۔ عطیۂ حق سے موجود ہے، اسلئے مناسب ہے کہ آپ اپنی صلاحیتوں سے دوسروں کو بھی بہرہ ور فرمائیں، اور مخلوق کی دینی اور اخلاقی تربیت کی طرف توجہ فرمائیں۔ جو بھی طالب صادق آئے اُسے توبہ کرادیا کریں۔ کبائر و صغائر سے توبہ اور توحید ورسالت اور بنیادی عقائد کا اقرار لے لیا کریں۔ بہر حال طالبین کو محروم نہ فرمائیں، میں اس کی آپ کو اجازت دیتا ہوں۔ حق تعالیٰ اکابر مشائخ کی راہ پر چلائے، اور بر و تقوی کی توفیق۔ آمین"

حج:

آپ کو چار مرتبہ سفر حج کی سعادت نصیب ہوئی، پہلی مرتبہ ۱۹۸۹ء مطابق ۱۴۰۹ھ میں حاجی شفیع الرحمٰن صاحب گولڈن ہائیڈ ایجینسی کولکاتہ کے صرفہ سے حج پر گئے، مفتی صاحب نے ان کے لڑکے کو حفظ کرایا تھا، اور یہ خدمت انہوں نے فی سبیل اللہ مجانا کی تھی، حالانکہ حاجی صاحب نے پیسہ کی پیشکش کی، تو آپ نے کہا: کہ "میں قرآن پڑھانے پر اجرت نہیں لیتا ہوں"

شفیع الرحمٰن صاحب نے پوچھا کہ اگر انعام دوں تو لیں گے ؟! تو آپ نے فرمایا کہ بالکل، اس پر انہوں نے کہا کہ میں آپ کو ایسا انعام دوں گا کہ زندگی بھر یاد رکھیں گے، اور پھر انہوں نے آپ کو انعام کے طور پر تحفۂ حج دیا، بلکہ مفتی صاحب کے مشورے سے وہ بھی اپنے اہلیہ کے ساتھ آپ کی معیت میں حج پر گئے۔

دوسرا حج ۲۰۰۲ء میں:

۲۰۱۲ء میں تیسری مرتبہ سعودی حکمران شاہ عبداللہ کی دعوت پر ضیوف الحرمین الشریفین کی حیثیت سے سفر حج بیت اللہ کا شرف حاصل کیا۔ چوتھی مرتبہ ۲۰۱۹ء میں خاندان کے پانچ افراد کے ساتھ (جن میں مفتی صاحب کی اہلیہ اور ان کے بڑے صاحبزادے مولانا محمد نظر الہدیٰ قاسمی شامل تھے) حج کے مبارک سفر پر روانہ ہوئے، اور مناسک حج ادا کئے۔ ۲۰۱۵ء میں شاہ سلمان کی دعوت پر آپ غسل کعبہ کی تقریب کے موقع سے عمرہ کی سعادت حاصل کی، اس سفر میں مولانا محمد قاسم مظفرپوری بھی شریک سفر تھے۔

شادی:

آپ کی شادی اپنے ماموں کی لڑکی عشرت پروین بنت محمد عمر آزاد مرحوم سے بہ مقام شاہ میاں رہواڈاک خانہ، سہتھا ضلع ویشالی ۵ اگست ۱۹۸۳ء میں فراغت کے فوراً بعد ہوگئی تھی۔

اولاد واحفاد:

آپ کی کل نو اولادیں ہوئیں، جن میں پانچ لڑکے ہیں، ایک لڑکا محمد نصر الہدیٰ ولادت کے چندماہ بعد ہی چل بسا۔ بقیہ چار حی القائم ہیں۔

(۱) محمد نظر الہدیٰ (دارالعلوم دیوبند سے فارغ التحصیل ہیں، چچازاد بہن ناز افزاء

بنت محمد ضیاء الہدیٰ ضیاء سے نکاح ہوا، ایک لڑکا، محمد الہدیٰ صغر سنی میں ہی چل بسا، چار لڑکی خنساء ہدی، حفصہ ہدی، فاطمہ ہدی، اور زینب ہدی حی القائم ہیں۔)

(۲) محمد ظفر الہدیٰ (دار العلوم دیوبند سے فارغ التحصیل۔ چک حبیب اللہ میں مسرت جہاں بنت مولانا عبد الحنان مرحوم سے عقد نکاح ہوا، ایک لڑکا قاسم الہدیٰ ہے)

(۳) محمد فخر الہدیٰ (سول انجینئر ہیں) کی شادی قاری بلال الدین صاحب امام جامع مسجد موتی ہاری کی صاحب زادی "ذکری" سے ہے،

(۴) محمد نصر الہدیٰ (بچپن میں وفات)

(۵) محمد ثمر الہدیٰ (انجینئر ہیں) ایم ٹیک کے بعد حیدرآباد سے پی ایچ ڈی کررہے ہیں۔

چار لڑکیاں بھی ہیں

(۶) رضیہ عشرت (ان کی شادی مولانا محمد سراج الہدی ندوی ازہری سے ہوئی، انہیں دو لڑکی سعیدہ سراج اور عائشہ سراج ہیں، اور تین لڑکے یحییٰ سراج صہیب سراج، خبیب سراج ہیں، یحییٰ سراج کم عمری میں ہی فوت ہوگئے۔)

(۷) غازیہ عشرت (شادی ضیاء الحق نعمانی مقام نستہ ناصر گنج سے ہوئی، ایک لڑکا ارقم ضیاء تھا، جو کینسر کے موذی مرض میں کم عمری میں ہی چل بسا، تین لڑکی ہانیہ ضیاء آیبہ ضیاء اور ہادیہ ضیاء ہیں۔)

(۸) شاذیہ عشرت (شوہر: ڈاکٹر اشتیاق احمد قاسمی مقام چندیہہ وایا اورائی، ضلع مظفر پور ہیں، ان کو ایک لڑکی منیبہ ہے)

(۹) ناصیہ عشرت۔ (جامعہ ملیہ اسلامیہ میں بی اے کی طالبہ ہیں۔

بھائی بہن میں سب سے بڑی رضیہ عشرت ہیں۔

آپ کے کل چھ نواسیاں دو نواسے چار پوتیاں اور ایک پوتا سے بھرا پرا خاندان ہے۔

میرے ذاتی تاثرات:

شعور کی سیڑھی چڑھ رہا تھا، تب کئی نام ذہن و دماغ میں گھومتے تھے، انہی میں سے ایک نام مفتی صاحب مد ظلہ العالی کا تھا، سجاد لائبریری میں آپ کی اکثر کتابیں موجود تھیں، اسی لئے تحریروں کے ذریعے آپ سے ملاقات ہوتی رہی، اخبار میں بھی اکثر آپ کے مضامین دل کشا پڑھتا، تین سال پہلے ۲۰۲۰ء میں آپ امارت کے وفد میں شامل ہو کر ہمارے علاقے میں آئے، ہمارے گھر آپ قدم رنجا ہوئے، میرے لئے زندگی کی سب سے بڑی آرزو کی تکمیل ہو رہی تھی، گھر میں خوب سارے پکوان بنے، دستر خوان لگا، آپ نے دو لقمہ کھا کر سلاد پر اکتفا کیا، اس کے بعد آپ آرام کرنے کے لئے لیٹے، تو میں نے اپنی سعادت سمجھ کر آپ کے پیر دبائے، حضرت بڑے آدمی ہیں، علم کے سمندر ہیں، ہم جیسے کہاں ذہن میں رہتے، امسال التدریب فی القضاء میں داخل ہوا، مفتی صاحب کو اپنا مضمون دیا، اور آپ نے نقیب میں اسے شائع بھی کر دیا، میرے لئے یہ بڑی خوش نصیبی کی بات تھی، حضرت کی یہ صفت خورد نوازی سے میں سب سے زیادہ متأثر ہوا، مفتی صاحب طلباء کی حد سے زیادہ حوصلہ افزائی فرماتے ہیں، کہتے ہیں "کوئی ماں کے پیٹ سے بڑا بن کر نہیں آتا ہے، انہی سیڑھیوں پر گرتے پڑتے اپنا مقام پالیتا ہے، مفتی صاحب سے دن بہ دن تعلق پروان چڑھتے رہے، ذاتی طور پر مجھے اشکال تھا، کہ اس دور قحط الرجال میں رجال ساز افراد کی کمی ہے، قاضی مجاہد الاسلام قاسمی جیسی مردم ساز شخصیت اب نہیں ملتی، لیکن آپ کو دیکھ کر، سن کر ذرا تشفی ہوئی، ہمارے ایک درسی ساتھی اپنی کتاب ہدیہ میں پیش کرنے گئے، تو صرف ان کی حوصلہ افزائی کے لئے آپ

نے وہ کتاب پڑھی، اور اس پر شاندار تبصرہ بھی نقیب میں لکھا، اور شائع بھی ہوا۔

پھر مفتی صاحب کے سامنے ویکیپیڈیا اردو پر آپ کے حالات اپلوڈ کرنے کا عزم ظاہر کیا، تو مفتی صاحب نے خاموش حامی بھرلی، اورآپ نے طالب علمی کے واقعات سنائے، حالاں کہ مفتی صاحب کی خدمات کے اعتراف میں بہار کے نامور قلمکاروں نے اتنا شاندار و جامع لکھا، اور ایسے ایسے جملے استعمال کئے ہیں کہ ہم جیسے وہاں تک پہنچ ہی نہیں سکتے، خیر سے: مفتی صاحب سادگی کے پیکر، اورانتہائی متواضع ہیں، ان کو پڑھ سن کر جو عکس ذہن میں بسا تھا، آپ بالکل اس کے برعکس ہیں، آپ کے کمرے میں جانا ہوا، بڑی بے تکلفی سے ناشتہ پیش کر دیا، طالب علمی کے زمانے میں ڈائریاں لکھتے تھے، یا جو تحریریں تھیں، وہ سب آپ نے اب تک محفوظ رکھے ہیں، کمروں میں کتاب ہے، ڈھول ہے، کچھ چیزیں یہاں وہاں پھیلی ہوئی ہیں، میں نے اب تک اتنی بڑی شخصیت کو اس انداز اور اس سادگی میں نہیں دیکھا، ظاہری زیبائش سے بے نیاز، بناوٹ سے کوسوں دور ہیں، بزرگوں کے بارے میں جو پڑھا تھا، آپ اس کے پرتو ہیں، یا شاید امارت اور بہار کی مٹی میں ہی اللہ نے تواضع، سادگی، تصنع سے نفرت، اور بے باکی رکھی ہے۔

بہر کیف: آپ کی موجودگی ہمارے لئے بلکہ برصغیر کے لئے کسی نعمت سے کم نہیں، کچھ لوگ مرنے کے بعد ان پر رونا روتے ہیں، لیکن زندہ شخصیات سے استفادہ کرنے کا نہیں سوچتے، حضرت کی شخصیت گزرے لوگوں کی نشانی ہے، اکابر علماء کی پرچھائی ہے، آپ کی ذات بے بہا سے بھرپور فائدہ اٹھانا چاہیے، اللہ آپ کے سایہ عاطفت کو تادیر قائم رکھے۔

***

ڈاکٹر کلیم عاجز

معصوم مراد آبادی

آج منفرد لب ولہجے کے شاعر ڈاکٹر کلیم عاجز کا یوم وفات ہے۔ انھوں نے ۱۴فروری 2015 کی رات ۹۵ برس کی عمر میں آخری سانس لی۔ کلیم عاجز کی شاعری اور شخصیت کا شہرہ دنیا کے ہر اُس گوشے میں تھا، جہاں اردو پڑھنے، لکھنے اور بولنے والے موجود ہیں۔ برصغیر ہندوپاک کے علاوہ خلیجی ممالک اور یوروپ وامریکہ کے نہ جانے کتنے شہروں میں کلیم عاجز کا والہانہ استقبال ہوا اور انہیں ہاتھوں ہاتھ لیا گیا۔ انتہائی نرم ونازک خدوخال والے کلیم عاجز محض اپنی خداداد شاعرانہ صلاحیتوں کے سبب ہی چہار دانگ عالم میں مشہور نہیں تھے بلکہ ان کی شخصیت، کردار، مزاج کی نرمی اور روحانی اکتسابات بھی لوگوں کو متاثر کرتے تھے۔ جو کوئی ان سے ایک بار ملتا وہ ان کا گرویدہ ہوجاتا تھا۔ عام طور پر ہمارے شاعروں کو جب شہرت اور مقبولیت حاصل ہوتی ہے تو زمین سے ان کا رشتہ کمزور ہونے لگتا ہے۔ لیکن کلیم عاجز کی تربیت جن ہاتھوں میں ہوئی تھی، انہوں نے ان کے اندر دنیا کے ایک عارضی پناہ گاہ ہونے کا تصور اتنا مضبوط کردیا تھا کہ بے پناہ مقبولیت اور ہردلعزیزی کے باوجود کلیم عاجز زمین سے وابستہ رہے اور اسی کا پیوند بھی ہوئے۔ ان میں کبھی کوئی تمکنت، نخوت اور نرگسیت پیدا نہیں ہوئی بلکہ وہ اپنے نام کے مطابق عاجزی اور انکساری کا پیکر بنے رہے۔ دنیاوی اعزازات اور کامیابیاں کبھی ان کے لئے فخر کی

علامت نہیں رہیں۔ کلیم عاجز جب پروفیسر تھے تو اس وقت بھی انہوں نے اپنے نام کے ساتھ یہ لاحقہ استعمال نہیں کیا۔ جب کہ زندگی میں پروفیسر بننا لوگوں کی معراج ہوتی ہے اور وہ تمام عمر اس 'اعزاز' کو اپنے نام کا حصہ بنائے رکھتے ہیں۔ حکومت نے ادبی خدمات کے عوض انہیں 'پدم شری' کے اعزاز سے سرفراز کیا لیکن انہوں نے کبھی اپنے نام کے ساتھ 'پدم شری' نہیں لکھا۔ حد تو یہ ہے کہ تو وہ یہ اعزاز لینے دہلی نہیں آئے بلکہ حکومت کے کارندوں نے یہ اعزاز ان کے گھر تک پہنچایا۔ وہ نمود و نمائش اور فخر و غرور کے بجائے شائستگی اور سلیقہ مندی سے علاقہ رکھتے تھے۔ ان کی شخصیت لہو و لعب کی بجائے غم کے سانچے میں ڈھلی ہوئی تھی۔ پروفیسر محسن عثمانی کے بقول:

"ان کی شخصیت غم کے ایک سانچے میں ڈھلی ہوئی تھی، غم انسان کی شخصیت میں ایک گداز پیدا کر دیتا ہے، جس طرح موم حرارت پا کر پگھلتا اور پھیلتا ہے، اس طرح سے انسان کا دل غم اور مسلسل غم کی حرارت سے پھیل کر بڑا ہو جاتا ہے، اتنا بڑا ہو جاتا ہے جتنا بڑا کلیم عاجز کا دل تھا۔ کلیم صاحب کا کمال یہ ہے کہ انہوں نے اپنے غم سے ایک پورا غم خانہ ایک پورا ایوان غم تعمیر کر ڈالا ہے۔ جو شخص ان کا کلام پڑھتا ہے، سوچنے لگتا ہے کہ یہ غم کا کیسا کارخانہ ہے، جہاں سے غزلیں ڈھل ڈھل کر نکلتی ہیں۔"

('کلیم احمد عاجز کی چند خاص باتیں' مطبوعہ 'جدید خبر'، ۲۴ فروری، ۲۰۱۵)

تقسیم وطن کے سانحے نے ان کی ذاتی زندگی پر غم کا پہاڑ توڑا۔ ۱۹۴۷ کے خونریز ہنگاموں کے دوران ان کی والدہ اور بہن کے علاوہ کئی عزیز و اقارب کی دردناک ہلاکت ایک ایسا سانحہ تھا، جو انہیں پاش پاش کر سکتا تھا۔ لیکن انہوں نے اس سانحے کو شاعری کے پرچم میں چھپانے کی کوشش کی۔ انہوں نے اس پہاڑ جیسے غم کو اپنے دل پر جھیلا اور بہترین شاعری تخلیق کی۔ بقول خود:

زبانِ درد بہت کم سمجھنے والے ہیں
یہاں نہ ہر کس وناکس سے گفتگو رکھیو
لٹانہ دیجیو سب غم کی رنگ رلیوں میں
بچاکے دل کے پیالے میں کچھ لہو رکھیو

ڈاکٹر کلیم عاجز کے فنی کمالات اور شاعرانہ عظمت کا اعتراف ہر اس دانشور نے کیا، جسے شعر وادب کے کھرا اور کھوٹا ہونے کی تمیز تھی۔ ان کی غزل کو ڈاکٹر کلیم الدین احمد جیسے ٹیڑھے نقاد نے خراج تحسین پیش کیا۔ وہی کلیم الدین احمد جو غزل کو اردو شاعری کی نیم وحشی صنف سخن قرار دے چکے تھے۔ کلیم الدین احمد کا تبصرہ ملاحظہ ہو:

"ان کی غزلوں میں دکھ بھروں کی حکایتیں اور دل جلوں کی کہانیاں ہیں اور وہ کوشش کرتے ہیں کہ ان کی غزلوں میں انمل اور بے جوڑ باتیں نہ آنے پائیں۔ اگر وہ تسلسل کی فنی ضرورت اور اہمیت کو سمجھیں تو وہ مسلسل غزل لکھ سکتے ہیں اور ان کی غزل دکھ بھروں کی حکایت اور دل جلوں کی کہانی بن سکتی ہے۔ سادگی وپرکاری، بے خودی و ہشیاری صرف شاعری ہی نہیں فن کا ایک نکتہ بھی ہے اور کلیم عاجز اس نکتہ سے واقف ہیں۔"

(وہ جو شاعری کا سبب ہوا، صفحہ: ۳۱۔۳۲)

ڈاکٹر کلیم عاجز کی شاعری پر سب سے زیادہ اثر میر تقی میر کا تھا۔ مشہور ادیب کنہیا لال کپور کا تاثر یہ تھا کہ "کلیم عاجز دوجدید کے پہلے شاعر ہیں، جنہیں میر کا انداز نصیب ہوا ہے۔ ان کی غزلوں کے تیور نہ صرف میر تقی میر کی بہترین غزلوں کی یاد دلاتے ہیں بلکہ ہمیں اس سوز وگداز سے بھی روشناس کراتے ہیں جو میر کا خاص حصہ تھا۔" خود کلیم عاجز نے کنہیالال کپور کے ان خیالات کی تصدیق اپنے اس شعر میں کی ہے۔

اس قدر سوز کہاں اور کسی ساز میں ہے
کون یہ نغمہ سرا میر کے انداز میں ہے

ڈاکٹر کلیم عاجز اردو شاعری میں میر کی شعری روایت کے سب سے بڑے امین ہیں۔ انہوں نے اردو کی کلاسیکی شاعری میں بیش بہا اضافہ کیا اور اپنی بے پناہ تخلیقی صلاحیتوں سے ہمارے شعری سرمائے کو مالا مال کیا۔

پروفیسر کنہیا لال کپور نے کئی مثالوں سے میر کی زبان و بیان کی یکسانیت کی جانب اشارے کئے لیکن خود کلیم عاجز میر تقی میر کی اس پیروی کے بارے میں کچھ یوں کہتے ہیں:

"میری زندگی میں خیال، بات اور شعر میں کوئی بعد یا فرق نہیں ہے۔ میں جس طرح جن الفاظ میں سوچتا ہوں، ان ہی الفاظ میں باتیں کرتا ہوں اور جن الفاظ میں باتیں کرتا ہوں، ان ہی لفظوں میں شعر کہتا ہوں۔ فرق صرف ترتیب و ترکیب کا ہوتا ہے۔ اس ترتیب و ترکیب کو میں نے کتابوں سے حاصل نہیں کیا۔ یہ میرا اپنا ہے اور کسی کے مشورے سے بھی نہیں اپنایا گیا ہے۔ یہ میر کی پیروی نہیں۔ میں پیرو کسی کا نہیں ۔۔۔۔۔ اگر پیروی میرے مزاج میں ہوتی تو بہ آسانی غالب کی پیروی کر سکتا ہوں لیکن اتباع میری خمیر فطرت کے خلاف ہے۔ میر سے کسی قدر مشابہت ہے۔ یہ مشابہت فن سے نہیں زندگی سے آئی ہے، جس کا شعوری احساس بہت بعد میں مجھے ہوا۔" (وہ جو شاعری کا سبب ہوا۔ صفحہ: ۱۷۳۔۱۷۴)

کلیم عاجز کو شعر گوئی کا جو سلیقہ تھا، وہ ان کے ہم عصر بہت کم شعرا کو نصیب ہوا۔ وسیع مطالعے اور گہرے مشاہدے نے ان کی شاعری میں ایسے موتی پروئے تھے کہ ہر شعر ایک واقعہ کی شکل میں نمودار ہوتا ہے۔ ان کی غزلوں میں ترتیب خیال بھی ہے اور

حسن کلام بھی۔ ان کے اشعار پڑھ کر یوں محسوس ہوتا ہے کہ وہ سامنے بیٹھے ہوئے گفتگو کر رہے ہیں۔ ان کی گفتگو میں تصنع یا بناوٹ کا کوئی شائبہ نہیں تھا۔ ان کی شاعرانہ عظمت کا اس سے بڑھ کر ثبوت اور کیا ہو سکتا ہے کہ فراق گورکھپوری ان کے اس حد تک گرویدہ تھے کہ ان کا کلام سن کر خود اپنا کلام بھول گئے تھے۔ کلکتہ میں بستر علالت سے ۱۶ نومبر ۱۹۷۵ کو رگھوپتی سہائے فراق گورکھپوری نے ڈاکٹر کلیم عاجز سے متعلق لکھا تھا کہ:

"میں اپنی زندگی کی اہم خوش قسمتی سمجھتا ہوں کہ مجھے جناب کلیم عاجز صاحب کا کلام خود ان کے منہ سے سننے کے موقعے ملے، اب تک لوگوں کی شاعری پڑھ کر یا سن کر پسندیدگی اور کبھی کبھی قدر شناسی کے جذبات میرے اندر پیدا ہوتے رہے لیکن جب میں نے کلیم عاجز صاحب کا کلام سنا تو شاعر اور اس کے کلام پر مجھے ٹوٹ کر پیار آیا اور ہم آہنگی، محبت اور ناقابل برداشت خوشی کے جذبات میرے اندر پیدا ہو گئے۔ ان کا کلام مجھے اتنا پسند آیا کہ مجھے تکلیف سی ہونے لگی اور کلیم عاجز صاحب پر غصہ آنے لگا کہ یہ کیوں اتنا اچھا کہتے ہیں۔ ان کے اس جرم اور قصور کیلئے میں انہیں کبھی معاف نہیں کر سکتا۔ اتنی دھلی ہوئی زبان، یہ گھلاوٹ، لب و لہجہ کا یہ جادو جو صرف انتہائی خلوص سے پیدا ہو سکتا ہے، اس سے پہلے مجھے کبھی اس موجودہ صدی میں دیکھنے یا سننے کو نہیں ملا تھا۔ میں ان کا کلام سن کو خود اپنا کلام بھول گیا۔"

('کلیم احمد عاجز: وہ ایک شاخ نہال غم'، صفحہ آخر)

ڈاکٹر کلیم عاجز کے انتقال سے کوئی تین ماہ قبل ان کے اعزاز میں حیدر آباد دکن میں ایک تقریب برپا کی گئی۔ کلیم عاجز صاحب اپنی تمام تر جسمانی نقاہت کے باوجود وہاں تشریف لے گئے۔ راقم الحروف کو اس تقریب میں ڈاکٹر کلیم عاجز کے تعلق سے ایک مضمون پڑھنا تھا لیکن بوجوہ میں حیدر آباد نہیں جا سکا۔ اس تقریب میں کلیم عاجز صاحب

کے انتہائی قریبی پروفیسر محسن عثمانی ندوی کی مرتب کردہ کتاب "کلیم احمد عاجز، وہ ایک شاخ نہال غم" کا اجراء عمل میں آیا۔ تقریباً تین سو صفحات پر مشتمل اس خوبصورت کتاب میں کلیم عاجز صاحب کی شاعری کا پس منظر بھی ہے اور ان کی تمام کتابوں کا تعارف بھی۔ کتاب میں پچیس سے زیادہ مشہور شعرا، ادبا، ناقدین اور اہل قلم کے مضامین ہیں۔ سب سے اہم بات یہ ہے کہ کتاب کے آخری حصے میں ان کی کچھ غیر مطبوعہ غزلیں شامل ہیں، جو پہلی بار منظر عام پر آئی ہیں۔ یوں تو کلیم عاجز صاحب کے سینکڑوں اشعار لوگوں کو ازبر ہیں لیکن یہاں ان کا کچھ تازہ کلام حاضر ہے:

میری تصویر ترے پاس ہے، دیکھ اور بتا
جب تجھے مجھ سے محبت تھی تو کیسا میں تھا
قرۃ العین نے گھر بیٹھے کہانی لکھ دی
حالانکہ آگ کے دریا سے جو گزرا میں تھا

**

جب سے چوٹ لگی ہے دل پر، جان کو ہارے پھرتے ہیں
شہروں شہروں، گلیوں گلیوں مارے مارے پھرتے ہیں
عاجزؔ صاحب دیوانے ہیں شعر و سخن کیا جانیں
دکھڑا گاتے، گیت سناتے، رات گزارے پھرتے ہیں

**

جھولی کی بھی کیا حاجت ہم جیسے فقیروں کو
ایک ہاتھ سے پانا ہے، ایک ہاتھ سے کھونا ہے
بھٹی میں محبت کی دل جھونک کے بیٹھا ہوں

جل جائے تو مٹی ہے، گل جائے تو سونا ہے

**

چوٹ جب دل کو لگی، میں نے غزل کہہ ڈالی
آئینہ ٹوٹا تو شور آئینہ خانے سے اٹھا
ساتھ عاجز کے گیا سوز سخن ساز سخن
پھر کوئی ایسا غزل گو نہ زمانے سے اٹھا

**

ایک دکانِ وفا بھی نہیں سنبھلی تم سے
ہم تو بازار کا بازار سنبھالے ہوئے ہیں

ڈاکٹر کلیم عاجز کو شاعری میں جو کمال حاصل تھا، وہی کمال انہیں نثر میں بھی تھا۔ وہ شاعری کی طرح ہی بڑی روانی سے نثر لکھتے تھے۔ ان کی آپ بیتی 'جہاں خوشبو ہی خوشبو تھی' اور سفر نامہ حجاز اس کا منہ بولتا ثبوت ہیں۔ کلیم عاجز صاحب کی علمی، ادبی اور شاعرانہ خوبیوں سے پوری دنیا واقف ہے لیکن ان کی زندگی کا سب سے نمایاں پہلو روحانی اکتسابات سے تعلق رکھتا ہے۔ وہ ایک ایسے مشن سے وابستہ تھے جو بندگان خدا کو مالک حقیقی سے جوڑنے کا مشن ہے۔ انہیں اس مشن سے جوڑنے کا کام مخدومی مولانا افتخار فریدی مرحوم نے کیا تھا جو میرے آبائی وطن مرادآباد سے تعلق رکھتے تھے۔ راقم الحروف کی ذہنی تربیت ان ہی کے زیر سایہ ہوئی۔ میں نے بارہا ان کی زبانی ڈاکٹر کلیم عاجز کا تذکرہ سنا اور بچپن سے ہی ان کا گرویدہ ہو گیا۔ مولانا افتخاری فریدی کے انتقال کے بعد ان کی شخصیت اور کارناموں پر ایک کتاب کی صورت گری نے مجھے ڈاکٹر کلیم عاجز کے در دولت تک پہنچایا۔ اس کتاب کے لئے ان تمام لوگوں سے مضامین قلم بند کروائے، جو

مولانا افتخار فریدی سے متعلق تھے۔ ان میں سے سب سے جلی نام ڈاکٹر کلیم عاجز کا تھا لیکن وہ اپنی عدیم الفرصتی اور مسلسل اسفار کی وجہ سے مضمون نہیں لکھ پا رہے تھے۔ یہ کتاب ڈاکٹر کلیم عاجز کے مضمون کے بغیر ادھوری رہتی، اس لئے مجھے تقریباً ایک سال ان کے مضمون کا انتظار کرنا پڑا۔ نہایت عجلت میں ڈاکٹر کلیم عاجز نے میری گزارش پر سن ۲۰۰۳ میں جو مضمون قلم بند کیا، اس کے ساتھ یہ خط بھی تھا۔

"جناب معصوم مرادآبادی صاحب! السلام علیکم ورحمۃ اللہ وبرکاتہ

میں یہ مختصر تحریر نہایت عجلت میں سرسری یادداشتوں پر زیادہ زور دیئے بغیر اور ان کی آخر کی چند تالیفات سے استفادہ کئے بغیر لکھ رہا ہوں اور لکھ کر آپ کو بھیج رہا ہوں۔ اس پر نظر ثانی بھی نہیں کر سکا ہوں کہ اس کی بھی فرصت نہیں اور فرصت ہو بھی تو اپنی فروگزاشتیں خود کو نظر نہیں آتیں۔ آپ ضرور اچھی طرح دیکھ لیں، جہاں کچھ کمی بیشی ہو اپنی بصیرت سے اس کی خانہ پری کر لیں، مگر ہاں کوئی تبدیلی ہرگز نہ کریں۔ میں کوشش کروں گا کہ اس کی فوٹو کاپی بنوالوں، ورنہ آپ بنوا کر اصل چاہے نقل مجھے بھجوادیں۔ دعاگو کلیم احمد عاجز۔"

(بحوالہ: مولانا افتخار فریدی، حیات و خدمات، صفحہ: ۲۷)

ڈاکٹر کلیم عاجز نے انتہائی عجلت کے باوجود اس کتاب کے لئے ۲۰ صفحات کا جو مضمون قلم بند کیا ہے، اس میں اپنا دل نکال کر رکھ دیا ہے۔ یہ مضمون کلیم عاجز کی روحانی زندگی کی گرہیں کھولتا ہے۔ اقتباس ملاحظہ ہو:

"پھر افتخار فریدی صاحب نے مجھے پکڑ لیا۔ عشاء کی نماز کے بعد انہوں نے دل کھول کر رکھ دیا اور میرے دل کی چنگاری کو ہوا مل گئی۔ دوسرے دن سے ایک اور فقیر کا اضافہ ہو گیا۔ میں دس دن کے لئے آسنسول اور کلکتہ کے تبلیغی سفر میں نکلا تو سب سے نمایاں

انقلاب یہ ہوا کہ میری زندگی کے اندر کی ساری اینٹھن نکل گئی۔ پورے ملک ہندوستان کا ایک معروف شاعر ہوں، ادیب ہوں، خوش گلو اور خوش فکر ہوں۔ اسکول سے لے کر یونیورسٹی تک اول رہا ہوں، ہر ڈگری کے ساتھ ایک دو سونے کا تمغہ حاصل کر چکا ہوں۔ رئیس کی اولاد ہوں، گرچہ یہ سب فضیلت عمل میں نہ تھی لیکن ذہن میں تو تھی۔ عمل میں انکسار، تواضع، فروتنی کی خاندانی تربیت رہی جو رچ بس گئی تھی۔ کبھی کسی مجلس میں آگے نہیں بیٹھا۔ خود کو کبھی نمایاں نہیں کیا۔ ہمیشہ صف آخر میں نشست رکھی مگر یہ فضیلتیں ذہن میں تھیں، تو دس روز کے سفر میں یہ سب فضیلتیں مٹی میں مل گئیں اور میں فکری، ذہنی اور کسی حد تک عملی طور پر فقیر بن گیا۔"

(مولانا افتخار فریدی: حیات وخدمات، صفحہ: ۳۳) کسی ادیب فنکار یا شاعر کے بارے میں لکھتے وقت ہم عام طور پر تحریر کا دائرہ، اس کے فن اور ادبی خدمات تک محدود رکھتے ہیں۔ ایک عام خیال یہ ہے کہ کسی شخص کی ذاتی زندگی یا اعمال کا اس کے فن سے کوئی علاقہ نہیں ہوتا۔ لیکن حقیقت یہ ہے کہ اگر کوئی شخص اپنے کردار واطوار کے اعتبار سے ایک بہتر انسان نہیں ہے تو وہ علم و ادب یا شاعری کے حوالے سے سماج کی بہتر خدمت انجام نہیں دے سکتا۔ انسان کا ذاتی کردار اس کے فکر وفن پر اثر انداز ہوتا ہے۔ ڈاکٹر کلیم عاجز کی ذاتی زندگی خوف خدا سے عبارت تھی اور انہوں نے اپنی عملی زندگی کا بڑا حصہ روحانی سرگرمیوں میں گزارا۔ شاید یہی وجہ ہے کہ انہیں ناقدین فن وہ اہمیت نہیں دیتے جو دنیاوی لہو ولعب میں مبتلا شاعروں کو دی جاتی ہے۔ شعر وسخن کی کسوٹی پر ڈاکٹر کلیم عاجز کو پرکھتے وقت ہمیں ان کی پاکیزہ زندگی اور میدان عمل کا بھی خیال رکھنا چاہیے۔ انہوں نے کبھی ان علتوں سے جی نہیں لگایا جو عام طور پر شاعروں کے پاؤں کی زنجیر بن جاتی ہیں۔ یہی وجہ ہے کہ ان کی شاعری کو پڑھتے وقت ہمیں ایک عجیب قسم کا

روحانی سکون نصیب ہوتا ہے۔ بقول خود:

میری شاعری میں نہ رقص جام نہ مے کی رنگ فشانیاں
وہی دکھ بھروں کی حکایتیں، وہی دل جلوں کی کہانیاں

آخر میں کلیم عاجز کے بعض ایسے اشعار نقل کئے جاتے ہیں، جو زبان زد خاص و عام ہیں اور اکثر لوگوں کو اس بات کا علم نہیں کہ ان لازوال شعروں کے خالق ڈاکٹر کلیم عاجز ہیں:

دامن پہ کوئی چھینٹ، نہ خنجر پہ کوئی داغ
تم قتل کرو ہو کہ کرامات کرو ہو

* *

اپنا تو کام ہے کہ جلاتے چلو چراغ
رستے میں خواہ دوست یا دشمن کا گھر ملے

* *

بات چاہے بے سلیقہ ہو کلیم
بات کہنے کا سلیقہ چاہیے

* * *

قیس رامپوری کی یاد میں

معصوم مراد آبادی

رات گئے فون کی گھنٹی بجتی ہے تو اسے ریسیو کرتے ہوئے ڈر لگتا ہے۔ خدا کرے کوئی بُری خبر نہ ہو۔ گزشتہ رات بھی ایسا ہی ہوا۔ سرد ترین رات تھی اور میں گہری نیند میں تھا۔ فون اٹھایا تو روزنامہ 'انقلاب' سے عزیزم شاہ عالم اصلاحی کی کال تھی۔ "قیس رامپوری صاحب انتقال کر گئے۔" اس کے ساتھ ہی انھوں نے یہ بھی کہا کہ "کچھ تفصیل درکار ہے۔ کاپی جانے میں وقت بہت کم ہے۔ چند منٹ میں کچھ بھیج دیجئے۔" سردی میں کمپیوٹر کھولنے کی ہمت نہیں ہوئی تو واٹس ایپ پر قیس صاحب کے بارے میں بنیادی معلومات لکھ کر بھیج دیں۔ نیند اڑ چکی تھی اور رہ رہ کر قیس صاحب کے ساتھ گزارے ہوئے لمحات یاد آرہے تھے۔

مجھے پانچ سال تک ان کی رفاقت میں ہفتہ وار "نئی دنیا" میں کام کرنے کا موقع ملا، جہاں میں نے انھیں قریب سے دیکھا اور جانا بھی۔ یہ ۳۵ برس پرانی بات ہے۔ پچھلے دنوں یہ اطلاع بھی روزنامہ 'انقلاب' کے ایڈیٹر برادرم ودود ساجد کے توسط سے ہی ملی تھی کہ قیس صاحب فالج کے حملے کے بعد بہت بیمار ہیں اور ان کی قوت گویائی چلی گئی ہے۔ ہم دونوں نے طے کیا تھا کہ ان کی عیادت کے لیے ساتھ چلیں گے، مگر یہ ممکن نہ ہو سکا اور قیس صاحب ہم سے ملے بغیر ہی چلے گئے۔ موت برحق ہے اور ہم سب کو آگے پیچھے

ایک دن چلے ہی جانا ہے۔ آنے اور جانے کا یہ سلسلہ اسی وقت سے چل رہا ہے، جب سے یہ دنیا وجود میں آئی ہے۔ ایک دن خود اسے بھی فنا ہو جانا ہے۔ اللہ باقی من کل فانی۔

قیس رامپوری بڑی باغ و بہار شخصیت کے مالک تھے۔ ہر محفل میں اپنے شعروں اور جملوں سے لوگوں کی توجہ مبذول کرنے والے قیس رامپوری کی بے بسی اور لاچاری کی خبریں سن کر دل خون کے آنسو روتا تھا۔ انھوں نے بہت زندہ دلی کے ساتھ اپنے ایام بسر کئے تھے۔ ان کی ظاہری وضع قطع جتنی دلکش تھی، اتنا ہی ان کا فن بھی دلآویز تھا۔ وہ روایتی خطاطی اور جدید آرٹ کے امتزاج سے جو منفرد فن پارے تخلیق کرتے تھے، انھیں دیکھتے ہی رہنے کو جی چاہتا تھا۔ جو نفاست ان کے لباس اور شخصیت میں تھی، وہی ان کے فن کا بھی طرہ امتیاز تھا۔ انھیں تزئین کاری سے جو شغف تھا، اس کا اندازہ اس بات سے بھی لگایا جاسکتا ہے کہ انھوں نے اپنی ایک بیٹی کا نام بھی تزئین رکھا۔ تزئین نے لکھا ہے کہ "پچھلے پانچ سال میرے والد کے لیے بہت سخت تھے، بہت تکلیف دہ تھے.. فالج موت سے بھی بدتر ہے،۔۔۔ میں ان کی بہترین آخرت کے لیے دعا گو ہوں۔

حقیقت بھی یہی ہے۔ فالج کے حملہ کے بعد ان کی حالت ایسی تھی کہ ناک کے ذریعہ انھیں غذا پہنچائی جارہی تھی اور وہ بولنے پر قادر نہیں تھے۔ کسی فن کار کے لیے اس سے زیادہ اذیت ناک لمحہ کوئی اور نہیں ہو سکتا کہ وہ اپنے جذبات واحساسات کے اظہار سے ہی محروم ہو جائے۔ الفاظ ہی تو انسان کا سب سے بڑا سرمایہ ہوتے ہیں اور جب وہی ساتھ چھوڑ دیں تو پھر باقی کیا رہتا ہے۔ یہ بات ہم جیسے لوگوں کے لیے اور بھی اذیت کا باعث تھی، جنھوں نے انھیں ہمیشہ بولتے، چہچہاتے، لفظوں کا جادو جگاتے اور سدا مسکراتے ہوئے دیکھا تھا۔ ان ہی کا ایک شعر ہے

بار احساں تو اٹھائے نہ اٹھا

دوستو، قیس کو مر جانے دو

قیس رامپوری کا اصل نام سید سجاد علی تھا۔ وہ ۱۹۴۷ میں مغربی اترپردیش کے شہر رامپور میں پیدا ہوئے تھے، جہاں انھوں نے خوشنویسی کا فن سیکھا۔ ۱۹۶۲ کے آس پاس روزگار کی تلاش میں دہلی آئے اور یہاں مولانا عبدالوحید صدیقی کے روزنامہ 'نئی دنیا' سے وابستہ ہوگئے۔ اس کے بعد جب مولانا نے ۱۹۶۶ میں 'ہما' ڈائجسٹ نکالا تو وہ اس کے تزئین کار بن گئے۔ ۱۹۷۳ میں جب 'نئی دنیا' ہفتہ وار ہوا تو قیس صاحب نے اس میں چار چاند لگانا شروع کئے۔ بعد کو وہ "نئی دنیا" سے الگ ہوکر روزنامہ "راشٹریہ سہارا" سے وابستہ ہوگئے تھے اور وہاں ہر روز عصری موضوعات پر ایک قطعہ لکھا کرتے تھے۔

قیس رامپوری لفظوں کو نشست و برخاست کا ایسا سلیقہ سکھاتے تھے کہ ان کی انگلیوں پر جادوگری کا گمان ہوتا تھا۔ وہ اپنی طرز کے خود ہی موجد تھے اور خود ہی خاتم بھی۔ جب سے اردو خطاطی کا فن کمپیوٹر کے قالب میں ڈھلا ہے تب سے ایسے فن کار معدوم ہوگئے ہیں جو اپنی انگلیوں میں قلم کو ایسی جنبش دیتے تھے کہ الفاظ میں قدرتی حسن کی آمیزش ہو جاتی تھی۔ راقم الحروف نے کئی برس ہفتہ وار 'نئی دنیا' میں ان کی رفاقت میں کام کیا۔ یہ ۳۵ برس پرانا قصہ ہے۔ حالانکہ وہاں میرا میدان صحافت تھا، لیکن کتابت و خطاطی کے فن سے واقفیت کے سبب میرا زیادہ وقت ان کے ساتھ گزرتا تھا۔ جب کبھی وہ چھٹی پر جاتے یا طبیعت ناساز ہوتی تو ان کی ذمہ داریاں میرے ناتواں کاندھوں پر آن پڑتیں۔ اس طرح میں ان کی کرسی پر بیٹھ کر اخبار کا لے آؤٹ اور سرخیاں بناتا تھا۔ میں نے روایتی خطاطی کی تربیت حاصل کی تھی، جبکہ قیس صاحب کو روایتی خطاطی کے ساتھ ساتھ جدید آرٹ اور تزئین کاری کا بڑا تجربہ تھا۔ اگر میں یہ کہوں تو بے جا نہیں ہوگا کہ ہفتہ وار "نئی دنیا" کی مقبولیت میں ان کی تزئین کاری اور آرٹ کو بڑا

دخل تھا۔ 'نئی دنیا' کی منہ بولتی سرخیوں کی بدولت ہی لوگ اس کی طرف متوجہ ہوتے تھے۔ باقی چیخ وپکار اس کے مواد میں ہوتی تھی۔

شاعری قیس رامپوی کا پہلا عشق تھا یا دوسرا، اس کا علم مجھے نہیں ہے۔ ہاں اتنا ضرور ہے کہ وہ اخبار کی سرخیاں لکھتے وقت بھی شعر گنگناتے رہتے تھے۔ ان کی شاعری بھی عصری موضوعات میں ڈوبی ہوئی ہے۔ 'نئی دنیا' کے صفحہ اوّل پر شائع شدہ ان کے ایک شعر نے بڑی دھوم مچائی تھی، جو انھوں ۹۰ کی دہائی میں برپا ہونے والے خونریز فسادات پر کہا تھا۔ شعر یوں تھا:

دیئے جلانے کی رسمیں بہت پرانی ہیں
ہمارے شہر میں انساں جلائے جاتے ہیں

شاعری ان کا شوق ضرور تھا مگر ان کی سب سے زیادہ دلچسپی خطاطی اور آرٹ کے فن میں تھی۔ انھوں نے اپنے ذوق لطیف کی بدولت ہفتہ واری صحافت کی منہ بولتی سرخیاں لکھنے اور خوبصورت لے آؤٹ بنانے کا ہنر خود ایجاد کیا تھا۔ نفاست ان کی انگلیوں میں ہی نہیں بلکہ ان کی پوری شخصیت میں تھی۔ وہ ہر روز اجلے کپڑے پہن کر دفتر آتے تھے۔ ان کی شخصیت تو دیدہ زیب تھی ہی، ان کے جملے اور تبصرے بھی دلچسپ ہوا کرتے تھے۔ پان کھانا ان کی عادت تھی، جو وہ اپنے گھر سے بنوا کر لاتے تھے۔ پان کے کثرت استعمال سے ان کی زبان اور ہونٹ ہمیشہ سرخ رہتے تھے۔

شاعری کے حوالے سے ان کی یادگار ان کا واحد مجموعہ کلام "سمندر در سمندر" ہے، جو ۱۹۸۷ میں شائع ہوا تھا۔ اس کی اشاعت خود انھوں نے ہی اپنے 'صدف پبلی کیشنز' سے کی تھی جس کا پتہ فراش خانہ میں واقع ان کا گھر تھا۔ قیس رامپوری نے پرانی دہلی کے اس تنگ وتاریک علاقہ کی گلی راجان میں لمبا عرصہ گزارا۔ بعد کو وہ اپنے بیٹے کے پاس شاہین

باغ منتقل ہو گئے اور وہیں انھوں نے آخری سانس لی۔

قیس رامپوری کی شاعری میں عصر حاضر کے مسائل کا ہجوم ہے۔ انھوں نے بڑی انقلابی قسم کی شاعری کی ہے۔ ان کے دوست اور ممتاز شاعر امیر قزلباش نے 'سمندر در سمندر' میں لکھا ہے کہ:

" قیس رامپوری میرے عزیزترین دوست اور پسندیدہ شاعر ہیں۔ قیس کے یہاں ذاتی واردات اور عصر حاضر کے مسائل کی جھلکیاں فنی اہتمام کے ساتھ نظر آتی ہیں۔ اسلوب بیان انتہائی شاداب اور حسّیت سے لبریز ہے۔ انھوں نے جن خارجی کیفیات کو بنیاد بنایا ہے، وہ کیفیات موجودہ نسل کے چند شاعروں کو ہی میسر ہوئی ہیں۔ ان کے ہاں زندگی کے تناظر میں جس باریک بینی سے کام لیا گیا ہے، وہ اس بات کا ثبوت ہے کہ وہ چاک دامانی اور آبلہ پائی کے تمام تجربات سے گزرے ہیں۔ وہ معنوی تہہ داری، سیاسی وسماجی نشیب و فراز اور معاشرے میں پھیلی ہوئی مکروہیت سے باخبر ہیں۔ انسانی درد اور رشتوں کا کرب ان کی شاعری کا جزو خاص ہے۔ ان کے یہاں نظم میں موضوع کی گرفت اور غزل میں دروں کاری بڑی خوبی کے ساتھ جلوہ گر ہے۔" ('سمندر در سمندر' صفحہ ۹)

قیس رامپوری کی شاعری کا غالب حصہ عصری موضوعات پر ہے۔ انھوں نے سیاسی، سماجی ماحول کا گہرا اثر قبول کیا ہے۔ شاید اس کی بڑی وجہ اخبارات وجرائد سے ان کی پیشہ ورانہ وابستگی ہو۔ وہ اپنے عہد کے سیاسی مسائل سے بھی نبرد آزما نظر آتے ہیں۔ قومی اور عالمی حالات کی پیچیدگیوں کا کرب ان کی شاعری میں بہت نمایاں ہے۔ ایمرجنسی کے خاتمہ پر کہی ہوئی مختصر نظم 'نیا سویرا' ملاحظہ ہو:

چلو سویرا ہوا
اذنِ پر کشائی ملا

مگر سوال تو یہ ہے مرے تعاقب میں
دہانے کھولے ہوئے اب بھی بے شمار عفریت
مرے بدن کا لہو چاٹنے کی فکر میں ہیں

قیس رامپوری کی شاعری کا خاصا یہ ہے کہ انھوں نے سیاسی اور سماجی ماحول کا گہرا اثر قبول کیا ہے۔ اس کا نتیجہ صحافتی شاعری کی صورت میں بر آمد ہوا۔ 'نیا سویرا' ہو یا کیمپ ڈیوڈ سمجھوتے کے خلاف ان کی نظم ' ابھی فلسطین جل رہا ہے' یا پھر بھوپال گیس ٹریجڈی پر ان کی نظم 'شب خون'۔ یہ سب حالات حاضرہ اور عالمی واقعات پر مرکوز ہیں، لیکن ان میں شاعر کے اپنے جذبات و محسوسات اور تاثرات موضوع بنے ہیں۔ انھوں نے غنائیہ شاعری کا کافی اثر قبول کیا ہے۔ چند اشعار اور ملاحظہ ہوں :

یہ تجربہ بھی ہمیں ایک بار کرنا ہے
کہ مڑ کے دیکھیں اسے اور سنگ ہو جائیں

اب بہار کو کس نام سے پکاریں ہم
کہ شاخ شاخ پہ خنجر سجائے جاتے ہیں

❋ ❋ ❋

آپ آسان سمجھتے ہیں منور ہونا

مفتی محمد ثناء الہدیٰ قاسمی

۱۴ر جنوری ۲۰۲۴ء بروز اتوار بوقت ۱۱:۳۰ بجے شب، شعور و آگہی کے پیکر، حساس ذہنوں کے بامقصد ترجمان، ماں کے تقدس کو لفظوں میں نیا آب و تاب دینے والے اور ہجرت کے کرب وبلا کو الفاظ کے سانچے میں ڈھالنے والے اردو غزل و نظم کو نئی سمت اور جہت دینے والے، عظیم شاعر و نثر نگار منور رانا نے اس دنیا سے منھ پھیر لیا، وہ برسوں سے کینسر اور پھیپھڑے کے مرض میں مبتلا تھے، کورونا نے انہیں مستقل مریض بنادیا تھا، ان کا گردہ بھی متاثر تھا، ڈائیلاسس پر زندگی گذر رہی تھی، میدانتا ہوسپٹل سے ایک ہفتہ قبل اس جی پی جی آئی سنجے گاندھی پوسٹ گریجویٹ انسٹی چیوٹ آف میڈیکل سائنس لکھنؤ منتقل کیا گیا تھا، پس ماندگان میں پانچ بیٹیاں سمیہ رانا، فوزیہ رانا، عرشی رانا، عروصہ رانا، ہبہ رانا اور ایک بیٹا تبریز رانا ہیں، نماز جنازہ دوسرے دن سوموار کو دار العلوم ندوۃ العلماء لکھنؤ میں بعد نماز ظہر ندوۃ کے ناظر عام مولانا جعفر حسنی ندوی نے پڑھائی، دوسری نماز جنازہ عیش باغ قبرستان کی بڑی مسجد میں امام مسجد حافظ عبد المتین کی اقتدا میں ادا کی گئی اور وصیت کے مطابق عیش باغ چمن قبرستان لکھنؤ میں تدفین عمل میں آئی، جنازہ میں ندوۃ العلماء کے اساتذہ طلبہ شہر کے علماء اور ادبی شخصیات نے شرکت کی، مشہور شاعر نغمہ نگار اور راجیہ سبھا کے سابق رکن جاوید اختر بھی جنازہ میں پیش پیش تھے۔

منور رانا بن انوار رانا بن سید صادق علی ۲۶ر نومبر ۱۹۵۲ء کو رائے بریلی میں پیدا ہوئے، ان کی والدہ کا نام عائشہ اور اہلیہ کا نام راعنا خاتون تھا، ان کا تعلیمی سفر شعیب اسکول اور گورنمنٹ انٹر کالج رائے بریلی ہوتا ہوا لکھنؤ کے سینٹ جانسن ہائی اسکول تک پہونچا، یہیں انہوں نے لکھنؤ کی سشتہ اور سائشتہ زبان کا استعمال کرنا سیکھا، ان کے والد کلکتہ میں تجارت سے لگے ہوئے تھے، چنانچہ انہوں نے ۱۹۶۸ء میں کلکتہ کا سفر کیا اور ملا محمد جان ہائر سکنڈری اسکول سے ہائر سکنڈری اور امیش چندرا کالج سے بی کام کی ڈگری حاصل کی۔

منور رانا نے لوگوں کو اپنی طرف متوجہ کرنے کے لیے فلمی اداکاروں کے آواز کی نقالی شروع کی، شتروگھن سنہا کے ڈائیلاگ کی وہ اس طرح ہو بہو نقل اتارتے کہ لوگ انہیں "کلکتہ کا شتروگھن سنہا" کہنے لگے، پھر انہوں نے مختلف قسم کے ثقافتی پروگرام میں جانا شروع کیا، وہ ناچ، گانے، ڈی جے اور مشاعروں کی مجلسوں میں مختلف انداز میں اپنی حاضری درج کراتے، کبھی نظامت کرکے، کبھی کسی اور کردار میں، انہوں نے ۱۹۷۱ء میں پہلا ڈرامہ "جے بنگلہ دیش" لکھا، اس کی ہدایت کاری بھی خود کی، یہ ڈرامہ کلکتہ کے ہومیوپیتھی کالج میں اسٹیج ہوا اور انعام کا مستحق قرار پایا، آغا حشر کاشمیری کے ڈرامہ "آنکھ کا نشہ" میں بنی پرشاد ورما کا مرکزی رول کیا، انہوں نے جوگندر کی ایک فلم گیتا اور قرآن کے لیے کہانی بھی لکھی، بدقسمتی سے یہ فلم نہیں بن سکی، جس نے ان کو فلمی دنیا سے شاعری کی طرف متوجہ کر دیا وہ کلکتہ کے مشہور شاعر پروفیسر اعزاز افضل کے حلقۂ تلامذہ میں شامل ہو گئے اور منور علی آتش کے نام سے شاعری کرنے لگے، ان کی پہلی تخلیق سولہ سال کی عمر میں ملا محمد جان اسکول کے مجلہ میں دور طالب علمی میں چھپی تھی، طویل وقفہ کے بعد ۱۹۷۲ء میں ان کی غزل ماہنامہ شہود کلکتہ میں چھپی، منور رانا نے بعد میں نازش پرتاب گڈھی اور راز الہ آبادی کی بھی شاگردی اختیار کی اور ان دونوں کے

مشورے سے منور علی شاداں کے نام سے لکھنے لگے، پھر جب وہ والی آسی کے حلقۂ تلامذہ میں داخل ہوئے تو ان کے مشورہ سے اپنا تخلص ۱۹۷۷ء میں بدل کر منور رانا کر دیا، رانا ان کا خاندانی لاحقہ بھی تھا، اس طرح آتش، شاداں اور منور رانا تک کا ان کا سفر طے ہوا، وہ کلکتہ میں اپنے والد کے ٹرانسپورٹنگ کے کام سے معاش کے حصول کے ساتھ شاعری بھی کرتے رہے، ان کی زندگی میں محبوباؤں اور معشوقہ کا بھی گذر ہوا، لیکن جلد ہی وہ رومانیت سے لوٹ آئے اور عصری حسیت سے بھرپور شاعری کرنے لگے، مشاعروں میں ان کی پوچھ ہونے لگی اور ان کا معاوضہ بھی بڑھتا چلا گیا، انہوں نے ایک ایسے دور میں اردو مشاعروں میں اپنی پہچان بنائی جب گویے اور لہک لہک کر پڑھنے والے شاعر اور شاعرات کی پوچھ زیادہ تھی، وہ تحت اللفظ پڑھا کرتے اور راحت اندوری کی طرح ایکٹنگ بھی نہیں کرتے تھے، اس کے باوجود ان کی شاعری کے رنگ و آہنگ، الفاظ کے بر محل استعمال کی وجہ سے وہ مشاعروں کی جان آن، بان، شان بن جاتے۔

انہوں نے اردو شاعری میں "ماں" کے کردار کو زندہ جاوید کر دیا، عظمت، تقدس، اولاد سے بے پناہ محبت، وارفتگی اور اس جیسے کئی اوصاف کو انہوں نے اس قدر مہارت، چابک دستی اور نئے نئے زاویے سے بیان کیا کہ ان کی شاعری کی یہ شناخت بن گئی، ملک وبیرون ملک "ماں" کے تئیں ان کے جذبے کو لوگ سنا کرتے اور سر دھنتے، انہوں نے پاکستان کے ایک مشاعرہ کے لیے "مہاجر نامہ" لکھا، اس میں ہجرت کے کرب اور محرومی کا ذکر اس انداز میں کیا کہ وہ جگ بیتی بن گئی، بعد میں انہوں نے اس کے اشعار میں اضافہ کرکے پانچ سو اشعار پر پوری کتاب بنا دیا، ان دونوں کتابوں نے ان کی مقبولیت کے گراف کو آسمان تک پہونچا دیا۔

ان کے علاوہ ان کا پہلا شعری مجموعہ نیم کا پھول (۱۹۹۳ء) میں منظر عام پر آیا، ان

کے کئی مجموعے کہو ظل الٰہی سے (۲۰۰۰ء)، منور رانا کی سو غزلیں (۲۰۰۰ء)، گھر اکیلا ہو گا(۲۰۰۰ء)، جنگلی پھول (۲۰۰۸ء)، نئے موسم کے پھول (۲۰۰۸ء)، کترن میرے خوابوں کی (۲۰۱۰ء) طبع ہو کر مقبول ہوئے، ان کے ہندی شعری مجموعے غزل گاؤں (۱۹۸۱ء)، پیپل چھاؤں (۱۹۸۴ء)، مور پاؤں (۱۹۸۷ء)، سب اس کے لیے (۱۹۸۹ء)، نیم کے پھول (۱۹۹۱ء)، بدن سرائے (۱۹۹۶ء)، گھر اکیلا ہو گا (۲۰۰۰ء)، ماں (۲۰۰۵ء)، پھر کبیر (۲۰۰۷ء)، سفید جنگلی کبوتر (۲۰۰۵ء)، چہرے یاد رہتے ہیں (۲۰۰۸ء)، ڈھلان سے اترتے ہوئے اور پھنک تال مختلف نثری اصناف میں ان کی تصنیفات ہیں، ان کی ادبی، شعری اور نثری خدمات کے اعتراف میں ایک درجن سے زائد اعزازات وایوارڈ مختلف ادارے اور تنظیموں کی طرف سے ملے، ادب کا بڑا ایوارڈ ساہتیہ اکیڈمی ایوارڈ بھی ۲۰۱۴ء میں ان کی جھولی میں آگرا تھا، لیکن بعض ملکی وملی مسائل میں حکومت سے اختلاف کی وجہ سے دوسرے بہت سارے مصنفین کی طرح انھوں نے اس ایوارڈ کو پھر سے حکومت کی جھولی میں ڈال دیا، کیوں کہ وہ نفرت کی سوداگری اور ماب لنچنگ کے واقعات سے انتہائی افسردہ ہو گیے تھے اور اعلان کر دیا تھا کہ میں کوئی سرکاری ایوارڈ قبول نہیں کروں گا، جس کی وجہ سے انہیں اور ان کی لڑکیوں پر بھی ابتلاء وآزمائش کی گھڑی آئی، لیکن وہ صبر وثبات کے ساتھ اس آزمائش سے نکلنے میں کامیاب ہو گیے، انہوں نے کہا:

اگر دنگائیوں پر تیرا کوئی بس نہیں چلتا
تو پھر سن لے حکومت ہم تجھے نامرد کہتے ہیں
ایک آنسو بھی حکومت کے لیے خطرہ ہے
تم نے دیکھا نہیں آنکھوں کا سمندر ہونا

۲۰۱۷ء میں وہ کینسر کے موذی مرض میں مبتلا ہوئے۔ جبڑے کا آپریشن بھی کرایا جرأت کے ساتھ اپنے مشاغل جاری رکھے، مشاعروں میں آنا جانا بھی رہا، بعد میں کورونا نے ان کے پھیپھڑے کو متاثر کر دیا، گردہ بھی ڈائیلاسس پر چلا گیا، وہ شوگر اور بلڈ پریشر کے بھی مریض تھے، اس طرح وہ مجموعۂ امراض بن گئے، عمر اکہتر سال کی ہو چکی تھی، امراض نے پیری میں جواں ہو کر دھیرے دھیرے انہیں قبر کی آغوش تک پہونچا دیا، منور رانا چلے گیے، دوسرا منور رانا کا پیدا ہونا آسان نہیں ہے، انہوں نے خود ہی کہا تھا:

بادشاہوں کو سکھایا ہے قلندر ہونا
آپ آساں سمجھتے ہیں منوّر ہونا

منور رانا کے بعض اشعار ضرب المثل بن گیے ہیں اور ہر پڑھے لکھے کی زبان پر ہیں، آپ بھی دیکھیے۔

**

تمہارے شہر میں سب میت کو کاندھا نہیں دیتے
ہمارے گاؤں میں چھپر بھی سب مل کر اٹھاتے ہیں

**

کسی کو گھر ملا حصے میں یا کوئی دوکاں آئی
میں گھر میں سب سے چھوٹا تھا میرے حصے میں ماں آئی

**

شاعری کچھ بھی رسوا نہیں ہونے دیتی
میں سیاست میں چلا جاؤں گا تو ننگا ہو جاؤں گا

**

جب تک ہے ڈور ہاتھ میں تب تک کا کھیل ہے
دیکھی تو ہوں گی تم نے پتنگیں کٹی ہوئی

※ ※

سو جاتے ہیں فٹ پاتھ پر اخبار بچھا کر
مزدور کبھی نیند کی گولی نہیں کھاتے

※ ※

روز و شب ہم کو بھی سمجھاتی ہے مٹی قبر کی
خاک میں مل جائے گی تیری بھی ہستی ایک دن

※ ※

شہرت ملی تو اس نے بھی لہجہ بدل دیا
دولت نے کتنے لوگوں کا شجرہ بدل دیا

※ ※ ※